LE CODE

DES MAGISTRATS

HONORAIRES

PARIS. — IMPRIMERIE DE CH. LAHURE ET Cⁱᵉ
Rues de Fleurus, 9, et de l'Ouest, 21

LE CODE

DES MAGISTRATS

HONORAIRES

PAR

LE MARQUIS DE BELBEUF

SÉNATEUR

Premier président honoraire de la Cour impériale de Lyon
officier de la Légion d'honneur

Non omnis moriar.
(Hor., l. III, od. xxiv.)

PARIS

IMPRIMERIE DE CH. LAHURE ET Cⁱᵉ

RUES DE FLEURUS, 9, ET DE L'OUEST, 21

1861

Premier Président honoraire de la Cour impériale de Lyon, après plus de trente années
de magistrature dans les Cours impériales[1], nous
avons dû céder au désir de connaître à fond les
lois qui régissaient avant 1789, et celles qui ré-
gissent encore l'honorariat.

Une étude sérieuse de cette législation nous
a démontré qu'elle était peu connue.

Qui sait aujourd'hui que le génie organisateur
de Napoléon le Grand avait, dans un décret du
6 juillet 1810, rétabli une institution judiciaire
connue autrefois sous le nom de *vétérance*, pour
récompenser, après de longs services, la nouvelle
magistrature de son Empire et pour l'environner

---

1. Paris et Lyon.

de l'éclat et de la considération qui avaient fait la force et la gloire de l'ancienne? Nous espérons l'apprendre à nos lecteurs.

Ce sujet intéresse au plus haut degré la magistrature tout entière, composée d'hommes honorables, modestes, résignés et dignes par leurs longs et pénibles services de la reconnaissance de la patrie.

Nous n'avions jusqu'alors étudié que très-superficiellement la législation en cette matière, l'honorariat n'étant, avant la loi sur la retraite forcée des magistrats, appliqué que très-rarement à des juges hors de combat, incapables de remplir désormais leurs fonctions et dont la retraite était commandée par une impérieuse nécessité.

La loi nouvelle, sur la retraite forcée, enlevant aujourd'hui à leurs siéges des hommes éminemment capables et très-regrettables, a dû changer complétement l'opinion que l'on avait pu se former antérieurement sur l'utilité de l'honorariat, connu autrefois dans nos Parlements et dans les autres tribunaux du royaume sous le nom de VÉTÉRANCE.

Nous désirons être utile à nos dignes collègues en leur faisant connaître, avec les droits que les lois en vigueur leur assurent, ce qui peut encore subsister pour eux, au milieu du naufrage de leur haute fortune, des anciennes prérogatives dont ils jouissaient.

Tel est le but que nous nous sommes proposé[1].

---

1. Nous prions les magistrats qui liront ces pages de nous faire parvenir leurs réflexions, pour nous en servir dans une seconde édition.

LE CODE

DES

MAGISTRATS HONORAIRES.

I

Si on consulte l'histoire des nations qui ont jeté le plus vif éclat par leur civilisation, on reconnaît constamment, et les plus profonds moralistes se sont plu à l'observer, que le respect pour la vieillesse et pour ceux qui avaient occupé les plus importantes charges fut toujours le signe certain de leur sagesse.

A Rome, dans les plus beaux temps de la République, le culte pour les citoyens dignes par leurs services de la reconnaissance du peuple était porté si loin, que la jeunesse romaine leur servait d'escorte en les accompagnant lorsqu'ils se rendaient dans les assemblées publiques, et les reconduisait ensuite dans leur demeure à leur sortie [1].

On faisait revenir des champs, dans les graves et importantes questions qui intéressaient la République, ceux qui s'y étaient retirés; on réservait les premières places pour ces nobles vétérans; on consultait avec fruit leur expérience [2]. Une classe d'hommes se consacrait exclusivement à cet emploi; c'était à eux qu'était confiée la mission de faire revenir à Rome ceux dont les lumières étaient jugées nécessaires. On les nommait *viatores*.

Les Athéniens, peuple léger et frivole, ne rendaient pas aux vieillards les hommages qui leur étaient dus; les Spartiates, leurs voisins, plus vertueux, agissaient tout autrement.

Nous lisons dans l'histoire qu'un jour les députés de Lacédémone se trouvant au théâtre d'Athènes, dans les places spécialement réservées

---

1. « Senectuti juventus ita cumulatum et circonspectum honorem reddebat, tanquam majores natu adolescentum communes patres essent. Quocirca juvenes senatus die, utique aliquem ex patribus conscriptis, aut propinquum aut paternum amicum ad curiam deducebant affixique valvis expectabant donec reducendi etiam officio fungerentur. »

(Valère Maxime, m. 9, lib. II, chap. i, v. 9.)

2. « A villa in senatum arcessebantur et Curius et *ceteri senes :* ex quo, qui eos arcessebant, *viatores* nominati sunt. Num igitur horum senectus *miserabilis fuit,* qui se agri cultione oblectabant? »

(Cicéron, *de Senectute,* xvi.)

aux ambassadeurs, virent entrer un respectable
vieillard : comme ses concitoyens négligeaient
de lui offrir un siége, ils se levèrent tous à la
fois et le recueillirent au milieu d'eux, ce qui
faisaitdire à Lysandre[1], Lacédémonien, que c'é-
tait à Sparte que les vieillards devraient habiter.

Les peuples éclairés des lumières de l'Évan-
gile portèrent encore plus loin que les païens
les égards dus à la vieillesse; la religion leur en
faisait un devoir.

En France surtout, on environna de respect
les magistrats qui avaient bien mérité de la patrie,
et on profita toujours de leurs lumières.

II

Sous l'ancienne Monarchie, et jusqu'en 1789,
on considéra constamment que des fonctions
publiques, exercées pendant l'espace de *vingt*

1. « Lysandrum Lacedæmonium, cujus modo mentionem feci,
dicere aiunt solitum, Lacedæmone esse honestissimum domicilium
senectutis. *Nusquam enim tantum tribuitur ætati,* nusquam est senectus honoratior. Quin etiam memoriæ proditum est, quum

années, donnaient droit à une récompense connue sous le nom de VÉTÉRANCE.

On pensait alors que les plus belles années de
la vie, consacrées au service de l'État, exigeaient
une reconnaissance *réelle et effective*.

Le *vétéran* conservait son rang et le droit
d'entrée et de voix délibérative dans son ancienne compagnie.

Les droits acquis par les magistrats après
vingt années de services furent toujours invariablement consacrés. Nous verrons que, depuis
le commencement du dix-septième siècle jusqu'à
la révolution de 1789, ceux même qui avaient
obtenu du roi, par faveur et pour des considérations particulières, des lettres de vétérance, et
qui ne comptaient pas vingt années de magistrature, conservèrent, comme les autres, leur
droit d'entrée à leur rang et voix délibérative
à toutes les audiences.

On trouve dans les *olim* du Parlement de
Paris la preuve de la reconnaissance de cette
compagnie envers de vieux serviteurs.

Athenis, ludis, quidam in theatrum grandis natu venisset, in
magno concessu locum ei a suis civibus nusquam datum ; quum
autem ad Lacedæmonios accessisset, qui legati quum essent, in
loco certo consederant, *consurrexisse omnes*, et senem illum sessum
recepisse. Quibus quum a cuncto concessu plausus esset multiplex
datus, dixisse ex iis quemdam, Athenienses scire, quæ recta essent, sed facere nolle. »

(Cicéron, *de Senectute*, p. xviii.)

Ainsi, en 1444, un greffier de la Cour, Gilbert Brunat, a besoin de repos, après de longues années utilement et fidèlement employées dans son greffe, et désire se retirer en résignant sa charge à son fils. Le Parlement récompense le zèle de cet *officier* en lui réservant l'*entrée aux jours de conseil et de plaidoiries* : le respectable vieillard ne quittera pas son greffe, il pourra encore tenir la plume à l'audience, et restera dans les lieux qu'il lui eût été si pénible de quitter.

La reconnaissance est une vertu si rare qu'on aime à voir le premier Parlement du royaume, se montrer bienveillant envers un serviteur fidèle et dévoué.

Quelques années plus tard, en 1481, un autre greffier, Hugues Allegret, obtient la même faveur après quarante années de services ; mais, cette fois, sa retraite n'est pas volontaire. On le force violemment d'abandonner ses fonctions. Ce n'est pas du Parlement, qui, au contraire, l'aime et le protége, que part le coup qui le frappe. Un parent d'Olivier le Daim, cet indigne favori de Louis XI, a convoité sa charge parce qu'elle est lucrative, et il l'a obtenue.

On se croirait véritablement transporté au dix-neuvième siècle ; n'a-t-on pas vu souvent, de nos jours, un pareil abus se reproduire ?

Trois années plus tard, en 1484, Olivier le

Daim expiait ses forfaits au gibet de Monfaucon. Mais le greffier Allegret n'en avait pas moins perdu son office.

Ce que l'on faisait pour des hommes revêtus de fonctions moins éclatantes avait lieu, à plus forte raison, pour les membres des Cours elles-mêmes; présidents et conseillers, on appliquait le même principe *à tous les tribunaux inférieurs sans exception*. C'était une loi générale, *absolue*, toujours observée après vingt années de magistrature.

On ne peut assigner une époque fixe au commencement de l'institution connue sous le nom de *vétérance*, introduite par un usage constant en faveur des anciens magistrats. On sait seulement qu'elle a été imitée des Romains, et qu'elle se perd dans la nuit des temps.

Dans le principe, les Parlements et les autres tribunaux de France conféraient seuls, et sans le concours du souverain, *la vétérance* à leurs collègues.

Le roi ne s'y opposait jamais; l'usage tenait lieu de loi. Les institutions les plus respectables ont souvent commencé ainsi; elles sont même alors plus durables, parce qu'elles naissent *d'une nécessité reconnue, de la nature des choses et de la conscience publique*.

Cependant pour jouir d'une manière plus assurée *du droit de vétérance*, on s'adressait souvent au roi; c'est ce que nous explique un auteur célèbre de la fin du seizième siècle :

« On pratique ordinairement ès compagnies de juges que ceux qui ont exercé vingt ans entiers un office, et l'avoir résigné, retiennent leur rang ancien et icelles mêmement, y ont *voix délibérative et tous autres honneurs*, si non qu'ils ne peuvent présider ni en l'audience, ni au conseil; bien qu'ils s'y rencontrent les plus anciens pour ce que la présidence et voix conclusive ne peut être simplement honoraire, et cela s'appelle vulgairement parmi nous *le droit de vétérance*, qu'il faut *impétrer de la compagnie en prenant congé d'elle;* mais ceux qui en veulent être plus assurés obtiennent lettres du roi à cette fin, par lesquelles Sa Majesté ordonne qu'après la résignation ils continueront la jouissance des honneurs, franchises et priviléges de leur office, *qu'ils obtiennent aisément pour les simples honneurs et séances.* Mais pour l'exemption des tailles ou autres priviléges qui peuvent tendre ou à la diminution des droits du roi, ou à la surcharge du peuple, elles sont fort mal aisées à faire passer. » (Loiseau, *Traité des Offices,* liv. I, chap. ix, p. 62.)

On trouve dans le recueil des arrêts de

Leprestre, des lettres de vétérance en forme d'édit (forme qui fut constamment observée depuis, on en verra par la suite la raison) accordées par nos rois à Robert Belin, conseiller au parlement de Paris. (Appendice A[1].)

Les lettres patentes concernant ce magistrat portent qu'il a exercé pendant vingt-quatre ans, tant à la Cour des Aides qu'à la Cour du Parlement, les fonctions de conseiller. *On joignoit les temps* de service de ce magistrat dans deux Cours différentes.

Le roi l'autorise à « s'intituler, sa vie durant, conseiller à ladite Cour, et que, nonobstant la résignation qu'il a faite de sa charge à Jacques le Coigneux, il pourra néanmoins, toutefois et quantes que bon lui semblera, avoir l'*entrée, séance et opinion délibérative* en icelle Cour, tant ès jours de plaidoirie que conseil, *selon son ordre de réception.* »

Le Parlement enregistre ces lettres et profite de cette circonstance pour demander au roi de fixer irrévocablement à *vingt années* le temps de magistrature nécessaire pour obtenir la vétérance.

---

1. Nous invitons nos lecteurs à prendre connaissance des pièces de l'Appendice.

Le Parlement de Paris s'exprime ainsi :

« Ladite Cour, toutes les chambres assemblées, *arrête*, *sous le bon plaisir du roi*, que ceux des présidents et conseillers qui auront servi vingt ans entiers en icelle, auront *voix*, *séance et opinion délibérative*. » Le roi se refusa-t-il à ce vœu, conforme aux usages du passé? Nullement[1] !

Nous voyons depuis toutes les lettres de vétérance accordées par nos rois aux magistrats, soit qu'ils eussent moins ou plus de vingt années de services, contenir la clause *d'entrée de séance à leur rang et de voix délibérative*.

Nous ignorons si, jusqu'en 1669, époque où le roi fit rentrer exclusivement dans sa main le droit de conférer la vétérance, les tribunaux, en l'accordant à leurs collègues *comptant moins de vingt années de magistrature*, leur en attri-buaient en même temps tous les priviléges. Nous croyons cependant qu'ils leur furent toujours conférés depuis le commencement du dix-sep-tième siècle.

La Roche-Flavin, dans son célèbre *Traité des Parlements de France*, page 559, nous enseigne « que les présidents et conseillers ayant résigné

1. On voit que le Parlement accordait les priviléges de la vété-rance sans le consentement du roi.

leur état, s'ils ont exercé leurs charges durant vingt ans *par ancienne observance à Paris*, et par provisions expresses du roi Henri III à Tholose, ont voix et séance suivant leur ancienne réception, et voix délibérative à l'audience aux chambres assemblées seulement.

« Ceux qui n'ont servi tant d'années n'ont que l'entrée et séance sans voix ni opinion délibérative; sauf, *s'ils ont provisions du roi, reçues et vérifiées en la Cour, desquelles il y a plusieurs.* »

Ainsi, déjà à cette époque ancienne, si le roi accordait l'honorariat à un magistrat qui ne comptait pas vingt années de services, il lui concédait comme aux autres les priviléges de la vétérance, ce qui n'a jamais cessé depuis et jusqu'en 1789.

Le même auteur, pour établir que les magistrats eux-mêmes accordaient la vétérance à leurs collègues, cite un fait très-significatif : « Comme aussi chambres assemblées M. Duranti, premier président, dit à un conseiller ayant servi plus de vingt ans et résigné son état à son fils, *prenant congé de la Cour*, qu'il pourroit revenir quand il lui plairoit à l'audience, au palais, mais en usant modérément. »

Dans un autre endroit, la Roche-Flavin parle encore de la vétérance; les termes dont il se sert sont trop originaux pour ne pas les reproduire :

« J'ai vu, en l'an 1583, étant au Parlement de Paris, en la chambre de la Tournelle, président en icelle, le sieur de Pibrac que, par délibération non écrite, fut dit à M. Enjorlan (Anjorrant), conseiller en icelle, qu'il se reposât et permît l'exercice de son état à son fils, qui étoit reçu en la survivance d'icelui depuis plus de dix ans auparavant; et ci pour les incommodités ordinaires de la vieillesse et décrépitude que la chambre ne pouvoit souffrir, ayant donné occasion aux Parisiens audit temps de dire que ledit sieur, son clerc *et sa mule* avoient *deux cents ans*, tant tous étoient vieux.

« Pour à quoi obvier et occasionner les présidents et conseillers des Cours de Parlement de se retirer et ne s'envieillir par trop au palais, *se voyant privés des rangs et honneurs accoutumés*, les rois, par leurs patentes publiées et observées aux Parlements de Paris et Tholose, leur ont conservé, après avoir servi actuellement vingt ans en Cour souveraine, le rang, séance, voix délibérative, honneurs, priviléges et prérogatives accoutumés, encore qu'ils ayent résigné leur état. »

Nous voyons, au commencement du dix-septième siècle, le droit de siéger avec voix délibérative constamment exercé par les magistrats vétérans, même dans les siéges inférieurs; « au Présidial d'Alençon en 1633, composé de treize officiers, il y en avait huit de la religion (la religion protestante), sans parler de *deux conseillers honoraires*, qui y venaient *juger et opiner tous les jours*[1]. »

Un abus s'était introduit dans les Bailliages et dans les Présidiaux; quelquefois, les anciens titulaires, après avoir résigné leur charge, continuaient cependant A PRÉSIDER les compagnies dont ils avaient été les chefs.

On trouve, dans le cahier des doléances du tiers état aux états généraux de 1614, le vœu suivant :

« Que les officiers des compagnies, *après la résignation de leurs offices*, ne puissent, en quelque qualité qu'ils soient, servir ni présider en icelles *ains seulement avoir séance et voix délibérative*, après les lieutenants généraux et particuliers *si les résignants ont été chefs* desdites compagnies, sinon, en leur rang et ordre. »

L'usage de conférer l'honorariat par les com-

1. Floquet, *Histoire du parlement de Normandie*, t. VI, p. 377.

pagnies avait fini par prévaloir dans les Parlements et dans les autres tribunaux. On en avait abusé.

Nous lisons dans les Mémoires d'Olivier d'Ormesson, page 148, que les maîtres des requêtes usaient aussi très-largement du droit de conférer l'honorariat.

« Le samedi matin (6 février 1644), je fus chez M. le Chancelier au sceau, où furent scellées les lettres de M. de Fourcy, avec sa dispense d'âge; de là je fus au palais, où les quatre quartiers assemblés (tous les maîtres des requêtes) M. Daubrai fut reçu maître des requêtes honoraire, après l'avoir *été seize ans;* l'on fit un règlement APRÈS GRANDE CONTESTATION, pour éviter les facilités que l'on avoit apportées à recevoir des maîtres des requêtes honoraires *après cinq ou six ans.* On déclara qu'il n'en seroit plus reçu qu'ils n'eussent vingt ans de services en Cours souveraines *en joignant les temps* (les services dans les diverses carrières), et qu'ils seroient reçus par les quartiers assemblés; que tous ceux qui auroient été reçus autrement ne seroient pas reconnus pour honoraires. »

L'exemption des charges publiques, conservée en même temps aux magistrats honoraires, présentait de graves inconvénients, et surchargeait les autres citoyens accablés de nombreux impôts.

Henri IV avait déjà, par édit de 1601, réprimé cet abus dans le Parlement de Bourgogne (Appendice B.)

Plus tard, un autre édit d'août 1669 applicable à toute la France, rédigé par Colbert, que l'on retrouve toujours quand il importe de rétablir l'ordre dans quelque branche de l'administration financière et quand il s'agit de réprimer les abus, fit droit aux plaintes s'élevant alors de toutes parts contre de si nombreux privilégiés. On blâmait surtout la facilité des Cours souveraines et leurs fâcheuses tendances à multiplier sans mesure le nombre des magistrats honoraires sans un examen suffisant de leurs mérites et sans l'aveu et le consentement du roi.

III

L'édit d'août 1669 portait : « Ne pourront nosdites Cours donner entrée, séance ni voix délibérative aux officiers qui se seront démis de leurs charges après avoir servi vingt ans, ni les faire jouir DES PRIVILÉGES ET DROITS DONT JOUISSENT LES VÉTÉRANS, sous quelque titre et qualité que ce puisse être, sans qu'il leur soit apparu de nos lettres à cet effet, à peine de nullité, et seront les officiers qui auront été reçus vétérans ou honoraires sans nos lettres tenus de se retirer dans six mois par devers nous *pour en être pourvus*, autrement, et faute d'en rapporter dans ledit temps et icelui passé, seront et demeureront lesdits officiers vétérans privés de l'entrée des compagnies et déchus des priviléges attribués auxdites charges. »

On voit que le roi maintenait les droits acquis et les concessions précédemment faites, et qu'il suffisait de se présenter dans le délai déterminé pour en obtenir la confirmation. La mesure ne devait produire d'effet que pour l'avenir.

Nous ferons remarquer ici, et cela a une grande importance, que l'édit de 1669 n'a d'autre but que de faire rentrer dans la main du roi *le droit d'accorder ou de refuser* l'honorariat, après examen des services de ceux qui pouvaient y prétendre, pour ne pas le prodiguer, et surtout pour ne pas surcharger le peuple par des exemptions trop facilement accordées à un trop grand nombre de privilégiés.

Il ne pouvait être question, dans cet édit, de priver les magistrats qui seraient déclarés *vétérans à l'avenir, de l'entrée, séance et voix délibérative*. Cet ancien privilége, depuis l'époque où le Parlement en avait demandé et obtenu la confirmation, n'avait jamais été refusé par le souverain.

On verra, par l'exécution donnée à l'édit, qu'il ne fut jamais, et jusqu'en 1789, entendu d'une autre manière.

Un fait incontestable et qui résulte de nos nombreuses recherches, c'est que depuis cet édit *tous les magistrats honoraires*, qu'ils eussent servi vingt ans ou un moindre nombre d'années, furent toujours admis dans le sein de leur compagnie à leur ancien rang et avec voix délibérative.

Un édit de septembre 1708, en réglant le mode à suivre pour compter les voix des magistrats titulaires, déclara que le même mode serait observé pour les *vétérans et tous ceux qui, en général, ont voix délibérative, à quelque titre que ce puisse être* [1]. (Appendice C.)

On vit le gouvernement, dans des temps calamiteux, et pour se procurer des ressources, réduire à quinze années seulement le temps exigé

---

1. Il est ici question des conseillers d'honneur, des quatre maîtres des requêtes, et des chevaliers d'honneur.

pour obtenir la vétérance. Un édit de 1704 en renferme les dispositions. En voici le préambule :

« Édit du Roi qui ordonne que ceux qui sont pourvus d'office de judicature et finances pour lesquels il est ACCOUTUMÉ d'accorder des lettres de vétérance après vingt années de services puissent, le reste de la présente année et dans la prochaine, en obtenir à la Grande-Chancellerie, pourvu qu'ils aient acquis quinze années de services. »

L'édit est ainsi conçu :

« Nous avons bien voulu jusqu'à présent, *à l'exemple* des rois nos prédécesseurs, accorder aux officiers de notre royaume, après vingt ans de services actifs, *des lettres de vétérance*, pour les mettre en état de conserver, en vendant leurs charges leur vie durant, *tous les priviléges* qui y sont attachés, et nous avons même, en plusieurs occasions et par *des considérations particulières*, ACCORDÉ CETTE GRACE AVANT L'EXPIRATION DESDITES VINGT ANNÉES. »

L'année suivante, un édit assujettissait les conseillers *vétérans* au payement d'une somme de mille livres, en leur assurant, et après eux à leurs veuves, l'exemption de la taille, du logement des gens de guerre, collecte, tutelle, curatelle, franc salé, grand et petit sceau, etc.

Ainsi, loin de trouver dans la législation ancienne une dérogation à la règle de concession aux magistrats vétérans du droit d'entrée, de séance et de voix délibérative, on voit constamment ce principe consacré *et constituant la vétérance elle-même*.

Un seul Parlement, celui de Bourgogne, s'était permis de ne pas compter la voix des magistrats vétérans, *en cas de partage de voix*, et plus tard de leur refuser entièrement voix délibérative

Le roi, indigné d'une telle infraction aux règles constantes de la vétérance depuis des siècles dans tout le royaume, par des lettres patentes du 4 juillet 1722, enjoignit à ce Parlement de faire jouir les vétérans de cette Cour des mêmes priviléges dont jouissaient tous les autres magistrats honoraires.

On lit, dans les lettres patentes, la phrase suivante, très-significative et très-énergique, et qui justifie le but de l'institution et l'insistance du souverain à la faire respecter.

« *Le Roi ne veut pas être privé* ET LE PUBLIC *de l'utilité qu'il peut retirer des services de plusieurs anciens officiers de la compagnie. Il ordonne...* que les officiers vétérans de ladite Cour, tant ceux qui ont ci-devant obtenu des lettres de Sa Majesté QUE CEUX QUI EN OBTIENDRONT A L'AVENIR[1], auront entrée, séance et voix délibérative en ladite Cour, tant aux audiences que chambre du conseil et autres assemblées publiques et particulières de leur compagnie, et qu'ils jouiront de tous les honneurs et priviléges portés par lesdites lettres, sans aucune réserve.» (Appendice D.)

IV

Examinons maintenant comment, dans le cours du siècle dernier, furent appliquées les règles anciennes de la vétérance ou de l'honorariat, seule et même chose avant 1789.

Nous venons de voir qu'en 1722 le roi forçait un Parlement récalcitrant à faire jouir les magistrats honoraires de tous les priviléges de la vétérance.

---

1. Ce n'est pas une concession particulière pour chaque cas particulier, c'est une mesure générale, tant pour le présent *que pour l'avenir*; c'est l'exécution ordonnée des règles de l'honorariat, règles violées par le Parlement de Bourgogne.

Un grand Chancelier, d'Aguesseau, le défenseur zélé de l'honneur de la magistrature, dont Saint-Simon, cet ennemi acharné de la robe, disait « qu'on ne pouvait prendre un magistrat plus savant, plus lumineux, plus intègre, et dont l'élévation dût être plus approuvée, » eut souvent à s'occuper, pendant sa longue carrière comme Chancelier, des magistrats qui demandaient à devenir vétérans, et de l'exercice de la vétérance par ceux qui s'en trouvaient revêtus.

C'est ainsi qu'il indiquait, en 1728, pour vider un partage d'opinion, le magistrat devenu honoraire depuis l'arrêt de partage.

« J'ai reçu la lettre que vous m'avez écrite, le 15 octobre dernier, par laquelle vous me marquez que vous ne voyez point d'expédient plus propre à procurer au sieur..., dont vous me renvoyez le mémoire, la justice qu'il demande que d'ordonner à M. ..., *devenu conseiller honoraire* depuis le partage en question, *de prendre séance avec les sept autres juges titulaires* dans la chambre où le partage est intervenu : pour bien juger si ce tempérament peut être approuvé et assurerait suffisamment la validité du jugement qui sera rendu, il faudrait savoir sur quel fondement M...., qui n'est plus que conseiller vétéran, sert à la grand'chambre, *au lieu de conti-*

nuer de servir dans la chambre à laquelle il était attaché dans le temps qu'il était titulaire [1]; si ce n'est que par un simple usage non autorisé par le Roi *que les honoraires servent à la grand'chambre*, quoiqu'ils ne dussent pas y être admis, suivant l'ordre de leur réception. »

Ce fait, à lui seul, établirait que les magistrats honoraires ou vétérans (ce qui était alors une seule et même chose, car on ne connaissait pas alors l'honorariat du décret de 1807, applicable seulement *aux sourds, aux aveugles et à ceux qui seraient atteints d'infirmités graves*) conservaient toujours voix et opinion délibérative dans le sein de leur ancienne compagnie.

Désirant conserver un magistrat recommandable dans la vie active de la magistrature, le Chancelier lui refusait le titre d'honoraire.

« Je serais aussi fâché que vous de la résolution que M. ... paraît avoir prise de vendre sa charge de conseiller au Parlement de Bordeaux, si je ne croyais en empêcher l'effet en lui REFUSANT de lui procurer des lettres de conseiller honoraire, sur lesquelles votre lettre me fait voir qu'il paraît compter.

« Ce n'est pas certainement par *mauvaise volonté* que je serais si difficile à son égard, c'est

----

1. Dans une Chambre des enquêtes ou des requêtes.

au contraire par un effet de la grande estime que j'ai pour lui, et afin de conserver plus long-temps *à la justice* un sujet si capable de la bien remplir. »

Le 20 août 1746, d'Aguesseau faisait accorder par le roi des lettres de vétérance à un magistrat d'une santé délicate et qui ne comptait que quatorze années de services.

« La santé de M. l'abbé de ... ne lui permettant plus de rapporter, il était dans le dessein de se défaire de sa charge. M. le président de ... m'a dit qu'il désirait fort, *comme toute sa chambre*, que le Roi voulût bien accorder à un magistrat qui était fort estimé dans cette chambre, des lettres de conseiller honoraire qui le mettront ENCORE *en état d'y être utile à la justice.*

« Il n'a, à la vérité, que quatorze ans de services ; mais comme c'est sa mauvaise santé qui l'oblige à se défaire de sa charge, la demande qu'il fait paraît très-favorable, et l'on n'a pas même à craindre qu'elle tire à conséquent, par rapport *à la transmission des priviléges.* Je n'ai cependant voulu prendre aucun parti sur ce sujet sans savoir ce que vous en pensez. Je vous prie d'être toujours, etc. »

Dans une autre circonstance, il s'appuyait sur

la volonté du premier ministre, le cardinal de Fleury, pour refuser l'honorariat à un magistrat qui ne comptait que dix-sept années de services.

« Comme M. le cardinal croit qu'il convient au Roi d'être très-difficile à accorder des lettres de conseillers honoraires à ceux *qui n'ont pas servi pendant vingt années entières*, je prévois que M. ... aura de la peine à obtenir ce qu'il désire, et je crois qu'il fera mieux de s'abstenir de rapporter des procès si sa santé en peut souffrir, et de continuer encore pendant trois ans accomplis les autres fonctions de sa charge.

« L'opinion d'un magistrat de son mérite ne laissera pas d'être fort utile à la justice, quoiqu'il ne la donne que sur des procès rapportés par d'autres officiers. »

Le Parlement de Bourgogne, toujours en guerre ouverte avec le gouvernement, nous l'avons vu précédemment, et en hostilité continuelle dans tous les temps avec les gens du roi [1], ne voulait pas que l'on accordât à ces derniers le titre de *conseillers d'honneur*, haute récompense à cette

---

1. *Histoire du parlement de Bourgogne*, par le président de la Cuisine, t. II, p. 91.

époque, qu'il ne faut pas confondre avec les conseillers honoraires[1].

D'Aguesseau jugeait un avocat général de ce Parlement, après de bons et loyaux services, digne d'un titre alors si honorable et si désiré. Voyant cependant l'opposition violente de cette Cour, le Chancelier ne voulant pas lui déplaire, se contenta d'accorder à cet ancien magistrat le titre de conseiller honoraire. Voici comment s'expliquait le ministre sur les honneurs et sur les égards dont il convient d'environner les anciens magistrats :

« Le successeur de M. ... ayant demandé et obtenu des provisions du Roi, il était temps que Sa Majesté se déterminât sur les marques de distinction qu'elle accorderait à cet ancien avocat général.

« Elle se serait portée volontiers à lui donner

---

1. Il existait avant 1789, dans les Cours souveraines, des chevaliers et des conseillers d'honneur.

L'abbé de Cluny et l'archevêque de Paris étaient conseillers d'honneur-nés du Parlement de Paris; le nombre de ces conseillers était fixé à six seulement. Le nombre en était aussi fixé dans les autres Parlements.

Des personnages très-importants pouvaient seuls y prétendre; on y voyait figurer d'*anciens* ministres, d'*anciens* procureurs généraux, des hommes portant des noms illustres, des d'Aguesseau, des Bignon, des Briçonnet, des Lamoignon, des Molé, etc., etc. Ils siégeaient avec voix délibérative, immédiatement après les présidents à mortier.

une place de conseiller d'honneur, et elle n'aurait fait en cela que suivre l'exemple du feu Roi son bisaïeul, qui avait fait la même grâce à plusieurs officiers de différents Parlements qui avaient VIEILLI avec honneur dans les fonctions du parquet.

« Mais comme le Roi a été informé par le compte que je lui ai rendu de tout ce qui s'était passé dans le Parlement de Dijon sur cette matière, de la grande peine qu'une telle grâce pouvait lui faire, Sa Majesté a bien voulu avoir égard à la délicatesse de cette compagnie, et elle s'est contentée d'accorder à M. ... des lettres de vétérance, voix délibérative, *et séance dans le Parlement*, A COMPTER DU JOUR *qu'il a été reçu dans la charge d'avocat général.*

« Comme c'est uniquement par égard pour la répugnance de votre compagnie que le Roi ne lui a pas fait une plus grande grâce, quoique Sa Majesté lui eût d'abord donné lieu de l'espérer, je ne saurais douter que le Parlement de Dijon ne soit sensible comme il le doit à cette marque d'attention pour les sentiments de cette compagnie. Vous jugez bien que si elle faisait quelque nouvelle difficulté sur une grâce si *mesurée*, sa conduite ne pourrait que déplaire extrêmement à Sa Majesté, après ce qu'elle a bien voulu faire en cette occasion, par ménagement pour un Parlement pour lequel elle est remplie de bonté, et à qui elle donnera toujours très-volontiers les plus grandes marques de sa protection.

« Au surplus, elle regarde *comme une chose nécessaire* pour le bien de son service que ceux qui ont *rempli dignement*, et pendant longtemps les fonctions d'avocat général, *ne soient pas réduits à rien* lorsque leur âge et leurs infirmités ne leur permettent plus de soutenir le poids d'une charge si laborieuse, et qu'ils puissent au moins CONTINUER DE SERVIR AVEC HONNEUR DANS L'ÉTAT D'UN CONSEILLER HONORAIRE QU'ILS ONT MÉRITÉ PAR LEURS TRAVAUX. Si l'on en usait d'une autre manière, *non-seulement des services importants demeureraient sans aucune récompense, ce qui répugnerait autant* A LA JUSTICE *qu'à la bonté du Roi*, mais on ne trouverait plus personne qui voulût entrer dans une carrière aussi difficile à fournir que celle d'avocat général ; on ne sent déjà que trop la rareté des sujets qui veulent s'y consacrer, et il ne faut pas l'augmenter encore en ôtant à ceux qui le sont toute espérance de se procurer au moins par là UNE VIEILLESSE HONORABLE DANS L'ORDRE DE LA MAGISTRATURE.

« Telles sont les principales raisons qui ont déterminé le Roi à accorder les lettres que M.... présentera à votre compagnie, et ces raisons sont si justes et d'un si grand poids, indépendamment de tout ce que j'ai remarqué au commencement de cette lettre, que le Parlement de Dijon ne saurait se porter trop facilement A ENREGISTRER DES LETTRES où Sa Majesté a gardé ainsi un si juste milieu entre la délicatesse de votre compagnie et ce que les longs services de M. ... exigeaient de sa bonté. Je suis, etc. »

Le respect du Chancelier pour la vieillesse, le désir de récompenser *réellement* des services rendus à la patrie pendant une longue carrière, se manifestent dans cette lettre.

On doit remarquer ici que cet ancien avocat général, *n'ayant pas de rang* parmi les conseillers de sa compagnie, se serait vu forcé, en devenant conseiller vétéran, de prendre place *à la suite du dernier conseiller nommé.*

Le Chancelier, appréciant l'INCONVENANCE ET LE RIDICULE DE CETTE POSITION INTOLÉRABLE pour un ancien magistrat et pour un homme avancé en âge, a soin de l'en relever en lui assignant séance dans le Parlement, *à compter du jour qu'il a été reçu dans sa charge d'avocat général.* Ce magistrat *rompra l'ordre des rangs* pour occuper une place honorable dans sa compagnie. Le roi le veut ainsi, et si le Parlement de Bourgogne refuse l'enregistrement, DES LETTRES DE JUSSION auront raison de ce refus.

D'Aguesseau, ami zélé des magistrats, aurait-il

supporté l'idée d'un conseiller honoraire sans fonctions, sans voix délibérative, avec le seul droit de se montrer quelquefois dans les cérémonies publiques?

Les traditions de d'Aguesseau se perpétuèrent sans interruption depuis 1750, époque où il rendit les sceaux de France, jusqu'en 1789. Le roi continua, comme par le passé, à délivrer des lettres de vétérance avec la clause sacramentelle applicable à tous les magistrats honoraires SANS EXCEPTION *d'entrée, de rang, de séance et de voix délibérative.*

Nous devons à l'obligeance de M. le comte de Laborde, directeur général des archives de l'Empire, un relevé curieux de toutes les lettres d'honoraire accordées dans le Parlement de Paris depuis 1769 jusqu'en 1789. (Appendice E.)

Toutes, à l'exception d'une seule concernant M. Dubois de Courval, que M. de Laborde considère avec raison comme une omission de copiste, en transcrivant les lettres sur les registres du Parlement, contiennent la mention d'entrée, de séance et de voix délibérative.

Ce qui prouve que la conjecture de M. de Laborde est véritable et qu'il y a omission de copiste dans le registre du Parlement, c'est que, dans l'Almanach royal de 1789, et dans les autres antérieurs, on trouve le nom de M. Dubois de Courval dans les listes des honoraires *ayant séance à la grande chambre.* De plus, nous tenons de M. le vicomte de Courval, son petit-fils, que son grand-père assistait fréquemment aux séances du Parlement comme conseiller honoraire.

Les vétérans n'assistaient pas aux audiences criminelles. Les Almanachs royaux, et notamment celui de 1766, page 213, porte : « MM. les conseillers d'honneur et honoraires, MM. les maîtres des requêtes ne sont pas de l'assemblée de la grand'chambre quand elle se tient à la Tournelle. »

On évitait ainsi à d'anciens magistrats les fatigues des procès criminels.

Nous produisons un certificat du greffier en chef de la Cour impériale de Rouen, qui atteste que la mention *de l'entrée, séance et voix délibérative* se trouvait *toujours* dans les lettres patentes accordées aux magistrats honoraires du Parlement de Normandie; il en était ainsi de tous les Parlements du royaume.

« Nous, greffier en chef de la Cour impériale, séant à Rouen,

« Certifions, à qui de droit, qu'il résulte des recherches par nous faites dans les archives du Parlement de Normandie, que les lettres d'honneur [1] accordées aux magistrats de cette Cour

1. Ou de vétérance.

souveraine, contenaient *toutes*, et spécialement celles accordées dans le courant du dix-huitième siècle, la mention de l'*entrée et séance, et voix délibérative, tant à l'audience qu'aux assemblées ordinaires et extraordinaires du Parlement.*

« En foi de quoi nous avons délivré le présent certificat, à Rouen, le dix mars mil huit cent cinquante-neuf. »

Nous lisons dans Saint-Simon, livre VII, page 83 : « Le premier nom (celui de vétéran) est pris des officiers de justice qui, ayant exercé leurs charges vingt ans, prennent, en les vendant, des lettres de vétérance qu'on ne leur refuse jamais, pour continuer à jouir, leur vie durant, *des honneurs et séances attachés à leurs charges.* »

On lit, dans le dictionnaire de Trévoux : « On appelle conseiller honoraire un conseiller qui a servi vingt ans, qui est vétéran, et qui s'est défait de sa charge, *qui a droit* d'entrée et d'opiner aux causes d'audiences. *Senator honorarius.* »

Le répertoire de jurisprudence de Guillot, Paris, 1769, porte, au mot *Honoraire :*

« Les magistrats honoraires n'acquièrent au-

cuns priviléges nouveaux par les lettres de
vétérance qu'ils obtiennent. Ces lettres les main-
tiennent seulement dans l'exercice des prérogatives dont ils jouissaient quand ils étaient titulaires; mais il n'y est fait aucune mention de
droits particuliers qui peuvent appartenir à
chaque office retenu. Les magistrats honoraires
ONT DROIT d'entrée, de séance et de voix délibérative; *voilà à quoi se bornent leurs fonctions*,
car ils ne peuvent rapporter ni instruire une affaire, et ils n'ont ni gages, ni épices, les honneurs
et les prérogatives attachés à leurs charges leur
sont seulement conservés. »

Merlin (*Répertoire de jurisprudence*) atteste
que depuis l'édit d'août 1669, *cette grâce est
toujours accordée* (celle de continuer d'exercer
les fonctions des offices qu'ils possèdent) *aux
officiers qui ont exercé pendant vingt ans.*

V

Les magistrats vétérans appartenant aux Cours
souveraines n'assistaient en général que rarement

(on le conçoit, puisqu'ils ne s'étaient retirés que pour jouir du repos justifié par leurs longs services ou par la faiblesse de leur santé) aux rapports des procès dans la chambre du conseil. On les voyait principalement dans les occasions solennelles et aux grandes audiences en robes rouges [1].

Nous lisons encore dans Saint-Simon, t. XIII, page 4 :

« La vérification et l'enregistrement des lettres d'érection et la réception du maréchal (le maréchal de Boufflers) se firent tout de suite, le mardi matin, 19 mars; comme il s'agissait de l'une et de l'autre à la fois, tout le Parlement se rassembla, de sorte qu'avec les pairs, *les conseillers d'honneur et honoraires et les quatre maîtres des requêtes* qui s'y peuvent trouver ensemble, nous étions près de 300, sur les fleurs de lis. Tout ce qui put s'y trouver de pairs y assista, et jamais tant de seigneurs, de gens de toutes sortes de qualités ni une telle affluence d'officiers.

« Le doyen fit lecture des lettres, puis commença le rapport. Aussitôt je me levai et sortis,

1. Saint-Simon se moque des ducs et pairs qui venaient souvent siéger aux audiences ordinaires comme ayant trop de sang magistral dans les veines.

comme fit aussi le duc d'Aumont (ils étaient les témoins du maréchal), et avec nous le duc de Guiche et les autres pairs, parents au degré de l'ordonnance ; les deux présidents de Lamoignon père et fils, l'un HONORAIRE, l'autre titulaire, sortirent après nous et aussitôt, par la petite vanité de montrer *qu'ils avaient travaillé* aux lettres, car ils n'avaient aucune parenté. »

Les conseillers honoraires s'empressaient aussi de se rendre à leur poste dans les questions brûlantes et si agitées alors, pour l'enregistrement des édits établissant de nouveaux impôts ; ils subissaient l'exil comme les autres magistrats titulaires [1], pour avoir défendu avec courage les intérêts du peuple.

Le célèbre Bouhier, devenu président honoraire (appendice F), venait fréquemment exercer ses fonctions au Parlement de Bourgogne. On lit dans les lettres patentes lui conférant l'honorariat cette phrase remarquable : « Nous voulons lui donner des témoignages de notre estime *en conservant toutefois au public l'avan-*

---

1. Le comte de Château-Giron, officier aux gardes françaises, racontait qu'à l'époque de l'exil du Parlement de Paris à Troyes, il fut chargé de porter des lettres de cachet à des magistrats honoraires, à l'un d'eux, entre autres, très-âgé, retiré dans une maison religieuse.

tage qu'il doit retirer de l'expérience et capacité *qu'il s'est acquise* [1]. »

Nous avons eu le bonheur de connaître, dans les premières années de notre carrière judiciaire, un éminent magistrat, Henrion de Pansey. Il racontait avec plaisir ce qui se passait au Parlement de Paris dans les occasions solennelles où les Séguier, les Dambrai, les Gerbier, se faisaient entendre, l'empressement des magistrats honoraires à s'y rendre, et combien leur présence donnait de relief et d'éclat à cette compagnie. Il nous présentait la vétérance nouvellement rétablie par le décret de 1810 comme devant un jour être la récompense de notre carrière.

Les vétérans du Châtelet de Paris ne pouvant jouir, comme dans les Parlements, des grandes solennités judiciaires, venaient fréquemment siéger aux audiences ordinaires, et partager avec leurs anciens collègues les travaux de la magistrature. Il était de règle que deux seulement seraient attachés à chaque chambre. (Appendice G.)

On limitait aussi les magistrats honoraires à deux dans les Présidiaux et dans les Bailliages, à

---

1. « Tourmenté de la goutte, son attachement pour sa compagnie et son zèle pour la justice n'ont pas laissé de l'engager à aller depuis prendre sa place à la grand'chambre et y faire usage des lumières que son savoir et son expérience lui avaient acquises. »
(MORERI, au mot *Bouhier.*)

cause du petit nombre des magistrats titulaires. Denizart s'exprime ainsi : « Le nombre des conseillers vétérans n'est point limité au Parlement. Il n'y a pas aussi d'édit ni de déclaration pour le borner aux siéges Présidiaux, mais la plupart des lettres accordées pour les Présidiaux portent à la marge qu'il n'y en aura que deux dans le siége [1]. »

On trouvera dans l'Appendice des copies nombreuses de lettres de vétérance, qui prouveront avec quel respect, avec quelle déférence on traitait alors les anciens magistrats. Ces exemples pourront donner à réfléchir aux magistrats de nos jours (appendice H). On y verra aussi des lettres accordées à des magistrats titulaires. On employait également dans les unes comme dans les autres la forme exécutoire des édits *pour forcer*, en cas de besoin, les Parlements et les autres tribunaux à l'enregistrement, s'il y avait résistance de leur part.

Ces lettres prouvent aussi que les services rendus successivement dans les diverses fonctions judiciaires entraient en ligne de compte pour la

---

1. Dans l'*Almanach royal* de 1713 on ne trouve au Châtelet de Paris qu'un magistrat honoraire à la première chambre, deux à la seconde, un à la troisième, un à la quatrième.

Dix-sept au Parlement de Paris avec leurs adresses.

On ne se donne même pas ce soin à présent ; l'*Almanach impérial* aujourd'hui ne donne pas les adresses des conseillers honoraires de la Cour impériale de Paris. Sont-ils donc sans domicile ?

vétérance ; on nommait cela *joindre les temps*, ainsi que nous l'apprend Olivier d'Ormesson. Rien de plus juste et de mieux mérité. S'il en eût été autrement, il serait arrivé souvent que des présidents ne comptant par exemple que 10 années de présidence et 20 années de services comme conseillers se seraient vus privés de la récompense de la vétérance, ce qui eût été une criante injustice. Nous lisons encore dans les Mémoires du maître des requêtes d'Ormesson, page 21, qu'il en était ainsi de son temps : « Le samedi 28 mars 1643, M. de Mesme sieur Dirval *fut reçu par M^rs les maîtres des requêtes* honoraire dans la compagnie, *quoiqu'il n'eût pas ses vingt ans, mais l'on joignit* le temps de conseiller avec celui de maître des requêtes qui faisoit en tout *vingt-deux ans*, je n'y fus pas, étant obligé d'aller avec mon père au conseil. »

Et page 17 : « M. de Morangis me dit qu'il avoit obtenu des lettres de dispense pour être reçu maître des requêtes honoraire et que ses lettres avoient été vérifiées en la chambre des vacations, quoiqu'il n'eût *que dix-huit ans* et huit mois de services, *il avoit bien pris son temps* parce que les chambres assemblées il eût eu peut-être de la peine. » On voit que le Parlement tenait aux vingt années de magistrature [1].

---

1. Les maîtres des requêtes faisaient partie du Parlement. L'in-

En 1764 il manquait à Michel-Jacques Turgot,
comme président à mortier, *trois années de magistrature* ; on lui compte, en lui accordant des
lettres d'honoraire, les services qu'il a rendus
comme avocat du roi au Châtelet et comme maître
des requêtes ; les lettres, après avoir énuméré les
fonctions diverses dont il a été revêtu, s'ex-
pliquent ainsi : « Pour lui donner des marques
particulières de notre considération et de notre
satisfaction, et des services qu'il nous a rendus
pendant plus de vingt-cinq ans *dans les différentes places qu'il a remplies*, nous avons résolu
de le décorer du titre de président honoraire de
notre dite cour. Voulons et nous plaît que nonobstant la démission qu'il a faite en nos mains
dudit office de président de notre dite cour, il
puisse continuer de se dire et qualifier du titre
de conseiller en nos conseils et de président en
notre cour de Parlement de Paris, et, en cette
qualité, conserver *son rang* et séance de président
en icelle, et y avoir voix délibérative. »

Un autre président à mortier du Parlement de
Paris, M. de Lamoignon de Montrevaux, obte-

stitution était aussi ancienne que le Parlement lui-même. On peut
lire sur ce point les Mémoires de Miraulmont, p. 111. « Quand ils
siégeoient au Conseil d'État, ils portoient une robe de soie noire.
Quand ils siégeoient au Parlement, et leur nombre ne pouvoit dé-
passer celui de quatre, ils portoient la robe rouge comme les
conseillers de la Cour ; ils y siégeoient immédiatement après les
présidents. »

nait, comme le président Turgot, des lettres de président honoraire. On relate qu'il a été six ans conseiller au Parlement, puis maître des requêtes pendant vingt-trois ans, et qu'il n'a exercé les fonctions de président que depuis le 25 avril 1747 jusqu'au 12 août 1763. Il lui manquait *quatre années de présidence* pour compter vingt années dans l'exercice de cette fonction. (Appendice H.)

Les lettres s'expriment ainsi : « Nous avons résolu de lui donner de nouvelles marques de notre satisfaction, et de lui accorder des lettres de président honoraire que méritent quarante-six années dans la magistrature. »

On ne peut lire sans un vif intérêt les éloges donnés par le roi à tous ces dignes magistrats.

Après avoir fait connaître les usages observés dans les Parlements jusqu'en 1789, nous arrivons ainsi à la chute des Parlements euxmêmes et à leur destruction par l'Assemblée constituante.

VI

La Révolution de 1789 renversa de fond en comble, avec les autres institutions de l'ancienne monarchie, l'imposant édifice de la magistrature française qui avait traversé tant de siècles.

Les juges furent choisis par le peuple, et le principe sacré de l'inamovibilité disparut.

La foule, toujours crédule, aveuglée par ses passions alors si fougueuses, se laissa flatter par des avocats sans causes et par des praticiens peu dignes en général de sa confiance [1].

Plusieurs années s'écoulèrent ainsi : mais l'un des premiers actes du grand homme, destiné par la Providence à sauver la France de l'anarchie, fut de reconstituer la magistrature, et

---

1. Un nommé Fesch, suisse de l'église de Saint-Sulpice, à Paris, avait été nommé juge par la multitude. Qui le croirait? Ce juge improvisé était le meilleur de toute cette bande ; quoiqu'il ne fût pas gradué, il avait l'esprit juste ; il était impartial et s'exprimait en peu de mots. Nous avons souvent entendu raconter ce fait par MM. Gairal, Bonnet, Bellard et autres.

M. le président Lasagny racontait aussi qu'il avait vu un simple de replacer les tribunaux sur leurs véritables bases.

Il créa, le 27 ventôse an VIII, des tribunaux d'appel composés d'hommes instruits et honnêtes. A partir de cette époque, reparut une bonne justice, sagement organisée, impartiale, et furent établis des tribunaux supérieurs, chargés de contrôler les jugements rendus par les magistrats inférieurs, dont le personnel laissait encore à cette époque, dans plusieurs tribunaux, beaucoup à désirer.

Quelques années s'écoulèrent; mais, en 1807, le gouvernement impérial s'occupa, pour la première fois, du sort des magistrats infirmes qui, devenus incapables de remplir leurs pénibles fonctions, ne pouvaient cependant se résoudre à prendre leur retraite.

Réglementer la matière était chose facile; l'inamovibilité n'opposait pas alors d'obstacles à cette mesure. Il suffisait d'écarter les juges infirmes et de fixer, s'il y avait lieu, leur pension de retraite.

Le décret du 2 octobre 1807, promulgué *uni-*

gendarme nommé par son département pour siéger au tribunal de cassation. Il se présenta en blouse, souliers ferrés et un gros bâton pour prendre possession de son siége, qui ne put lui être refusé. Mais, à la troisième audience, ce nouveau paysan du Danube déclara avec bon sens et loyauté qu'il en avait assez, et que son département voulait lui faire faire à Paris un métier auquel il n'entendait rien; et il se retira.

quement pour atteindre ce but, porte dans son préambule : « Décret impérial, concernant les officiers de justice auxquels des INFIRMITÉS donnent droit à une pension de retraite. »

Le titre de ce décret, on le voit, indique clairement l'objet *très-limité* et en même temps fort urgent qu'il se propose de régler.

Les dispositions législatives du décret lui-même présentent la plus grande clarté et se trouvent en harmonie parfaite avec son titre. Nous le reproduisons.

« ARTICLE PREMIER. — Ceux de nos officiers dans nos Cours de cassation, d'appel, de justice criminelle, ou dans nos tribunaux de première instance, que *la cécité, la surdité ou d'autres infirmités graves* mettront hors d'état d'exercer leurs fonctions, seront admis à prendre leur retraite.

« ART. 2. — Lorsque ceux qui se trouveront *dans l'un des cas ci-dessus déterminés* négligeront de demander leur retraite, nos présidents et nos procureurs généraux en donneront avis à notre grand juge, ministre de la justice, qui, après avoir demandé les observations de celui auquel on propose d'accorder une retraite, nous fera son rapport pour être par nous statué ce qu'il appartiendra.

« ART. 3. — Les officiers de nos Cours et tribunaux *en* retraite conserveront leur titre, leur rang et leurs prérogatives honorifiques, sans néanmoins exercer leurs fonctions; ils continueront d'être portés sur le tableau et d'assister aux cérémonies publiques.

« Art. 4. — Lesdits officiers jouiront, en outre, d'une pension qui sera fixée, par nos ordres, pour chaque cas particulier. »

Il ne peut être question, dans l'article 3 de ce décret, que des magistrats désignés par son titre, et par les articles 1 et 2 du décret lui-même.

En effet, si on avait eu l'intention d'appliquer cet article à toute espèce de magistrats honoraires, le titre eût été autrement formulé. Il eût été général et n'aurait pas désigné une classe particulière et bien déterminée de magistrats. Les deux premiers articles du décret sont clairs et excluent toute espèce de doute à cet égard.

Que l'on cesse donc d'invoquer l'article 3 de ce décret, pour l'appliquer à des magistrats qu'il ne concerne pas; sans doute, si on l'examine sans tenir aucun compte *du titre et des deux premiers articles*, il pourrait offrir quelque incertitude; mais ce n'est pas ainsi que l'on doit procéder quand on recherche la vérité. Dans l'interprétation des lois, les articles d'une même loi s'interprètent toujours par son titre, par la combinaison de tous ses articles et par le but évident qu'elle se propose.

Il est facile de comprendre le motif qui détermine le législateur de 1807 à n'accorder que des priviléges restreints à des juges *sourds, aveugles et atteints d'infirmités graves*. On ne pouvait sans inconvénient maintenir, à l'avenir, à de tels magistrats voix délibérative; on les écartait du sanctuaire de la justice pour des causes très-graves et rendant leur concours impossible.

Les magistrats infirmes, mis à la retraite en vertu de ce décret, jouiront, *de plein droit*, des avantages très-restreints que leur concède l'article 3; ils sont dignes de faveur; ils n'ont pas démérité, leurs infirmités seules ont motivé leur retraite forcée; *ils trouveront écrits dans la loi* les priviléges qu'on leur conserve; ils n'auront pas besoin *de lettres à ce nécessaires*.

Nous verrons plus loin, lorsque la loi s'occupera des magistrats valides qui désirent se retirer, qu'ils trouveront, comme les premiers, écrits aussi dans la loi, les priviléges dont ils jouiront à l'avenir, *et que les lettres à ce nécessaires* ne s'appliquent *qu'à la concession même de l'honorariat, qui remplace ici la mise à la retraite* du décret de 1807.

Le décret précité ne fut appliqué, à l'époque de sa promulgation, qu'à un très-petit nombre de magistrats, *tous* infirmes et complétement hors de combat.

On ne trouve même, dans le dernier Almanach

de l'Empire, celui de 1813, nous l'avons vérifié, aucun magistrat honoraire, soit à la Cour de cassation, soit dans les Cours impériales, si nombreuses alors dans un empire s'étendant depuis Rome jusqu'à Hambourg.

Dans les tribunaux de première instance, encore bien plus nombreux, on n'en compte qu'un seul auquel des infirmités rendaient impossible à supporter davantage le très-pénible fardeau de la présidence du tribunal civil de la Seine, et qui fut remplacé par M. Try, alors avocat général à la Cour de Paris.

Ce fut ainsi que le gouvernement impérial exécuta jusqu'à sa chute le décret de 1807, en se renfermant religieusement dans les conditions et dans les limites qu'il s'était proposées. Ce décret porte que les magistrats conserveront *leur titre, leur rang et leurs prérogatives honorifiques*. Rien de plus clair, de plus positif et ne pouvant donner matière à moins de discussion. Et cependant n'a-t-on pas vu et ne voit-on pas quelquefois, dans certains tribunaux, ces vénérables doyens de la magistrature, *décorés presque tous de l'étoile de l'honneur*, impitoyablement rejetés à la suite et à la queue de leur ancienne compagnie, comme s'ils n'y étaient entrés que de la veille?

Si on veut les humilier, ce qu'on ne peut supposer, ou seulement les dégoûter, le moyen est infaillible. Nous disons qu'il n'est *pas légal*[1], et cela suffit.

Que les magistrats honoraires *sans exception*, (car les lois intervenues en cette matière sont applicables à tous), à quelque catégorie qu'ils appartiennent, se présentent, les lois et les décrets à la main, on ne peut, sans violer la loi, les repousser. Il est de leur honneur de réclamer avec énergie le rang qui leur est assigné.

Le décret du 20 octobre 1807 conserve encore aux magistrats honoraires *leurs prérogatives honorifiques*, ce qui veut dire *qu'ils ont droit aux mêmes honneurs que par le passé.*

Ne se commet-il pas souvent de nombreuses infractions à cette loi? Observe-t-on, à l'égard des magistrats honoraires, le célèbre décret du 13 juillet 1804, sur les préséances?

Trois années s'écoulèrent; nous arrivons ainsi à l'année 1810.

A cette époque, Napoléon, au faîte de sa puissance et de sa gloire, jeta un regard favorable sur la magistrature, dont il crut nécessaire d'élever le niveau à la hauteur de toutes les autres institutions de l'Empire.

---

1. M. Coste, conseiller honoraire à la Cour de Lyon, que nous avions l'honneur de présider, ne comptait que vingt-huit années de services, mais nous lui faisions toujours prendre son ancien rang dans les cérémonies publiques.

L'organisation des Cours d'appel lui parut trop faible; il désira augmenter l'importance de ces tribunaux. Il suffisait, pour atteindre ce but, de rechercher dans le passé les usages de l'ancienne magistrature française, que l'on pouvait rétablir sans toucher aux grands principes proclamés en 1789 et à la séparation du pouvoir administratif d'avec le pouvoir judiciaire.

Une loi du 20 avril 1810 et un décret du 6 juillet de la même année *annoncé par l'article* 5 *de cette loi*, et devant avoir force de loi comme elle, modifièrent profondément l'organisation judiciaire.

Les Cours d'appel furent autorisées à porter le nom si honorable pour elles de Cours impériales. Les mercuriales et les audiences de rentrées furent rétablies, et l'obligation imposée aux gens du roi de prononcer un discours. Les audiences solennelles en robes rouges reparurent, audiences célèbres autrefois, à l'époque où les siéges du ministère public étaient occupés par les Bignon, les Talon, les d'Aguesseau, les Séguier.

Les législateurs de 1810 adoptèrent, comme on le voit, les usages séculaires des anciens Parlements. Ce fait aura, comme on le verra par la suite, une grande importance pour apprécier sainement le rétablissement, pour les magistrats encore valides, mais qui désireraient prendre

quelque repos après de longs services, de l'institution connue, avant 1789, sous le nom de *vétérance*. La loi d'avril 1810 et le décret du 6 juillet suivant sont en pleine vigueur aujourd'hui,
et doivent être considérés *comme la charte* de la
magistrature moderne.

Voici comment s'exprimait, en 1860, M. Jos-
seau dans un rapport très-remarquable :

« En 1810, l'empereur Napoléon, voulant ap-
proprier l'organisation judiciaire *dans toutes ses
parties* et placer la magistrature dans le rang élevé
qu'elle doit tenir dans l'État, donna par les loi
et décrets des 20 avril, 6 juillet et 18 août 1810,
le *Code complet*, qui encore aujourd'hui règle
l'administration de la justice. »

Ces lois ont été souvent appliquées sévèrement
aux magistrats. Pourquoi les repousser et les tenir
comme non avenues quand elles leur sont favo-
rables?

Le décret du 1ᵉʳ mars 1852, sur la retraite forcée des magistrats, n'a pas changé cet état de
choses. Ce décret fixe l'âge des juges qui cesseront leurs fonctions, leur ouvre des droits à la
retraite et ne dit rien de plus.

VII

On a vu précédemment que le décret du 2 octobre 1807 n'avait été destiné qu'à fixer le sort des magistrats *sourds, aveugles et atteints d'infirmités graves*. On a vu également que, dans l'application très-rare et pour ainsi dire exceptionnelle de ses dispositions, le gouvernement impérial, *juge très-compétent*, on en conviendra, de la manière dont la loi, émanée de lui, devrait être comprise et exécutée, s'était toujours religieusement renfermé dans les conditions claires et positives de son objet; il ne lui serait jamais venu dans la pensée de l'entendre autrement.

Les législateurs de cette même époque, en reconstituant sur des bases nouvelles la magistrature française et en empruntant aux anciens Parlements les usages qui avaient prévalu dans ces illustres compagnies jusqu'en 1789, pouvaient-ils laisser de côté une institution aussi importante que *la vétérance*, et tenant autrefois, comme nous l'avons établi plus haut, une si grande place dans l'organisation judiciaire? Une lacune existait dans la législation. Le décret de 1807 ne s'était occupé que des magistrats *sourds, aveugles et atteints d'infirmités graves.* Il convenait de combler cette lacune.

On ne pouvait trouver une occasion plus favorable, dans le moment où l'on reconstituait sur des bases nouvelles tous les tribunaux de l'Empire. Il était raisonnable, dans une circonstance aussi solennelle, de se préoccuper du sort futur des magistrats *valides, capables de rendre encore de bons services,* mais qui, après de pénibles travaux et un dévouement digne d'une récompense signalée, désireraient se retirer sans rompre entièrement avec les habitudes de toute leur vie.

Les législateurs de 1810 comprirent qu'il ne convenait pas, comme le disait si éloquemment l'illustre d'Aguesseau, « que des magistrats si dignes de récompense fussent réduits *à rien et ne conservassent pas une vieillesse honorable dans l'ordre de la magistrature* EN CONTINUANT DE SERVIR *avec honneur dans l'état de magistrats honoraires qu'ils avaient mérité par leurs travaux.* »

Cambacérès, Archichancelier de l'Empire, conseiller à la Cour des Aides de Montpellier avant 1789, et dont le père avait conquis l'honorariat par de longs services dans cette Cour[1]; le Grand Juge Reignier, ancien avocat au Parlement de Nancy; les conseillers d'État de la section de législation : Merlin, Faure, Berlier, de la Malle, Henrion de Pansey, tous avocats célèbres dans nos anciens Parlements, *connaissant parfaitement l'institution de la vétérance qu'ils avaient vue fonctionner avant la Révolution française*, furent chargés de rédiger la loi et le décret de 1810.

Ce décret rétablit en France l'*ancienne vétérance*, non par une disposition législative confondue au milieu de beaucoup d'autres, mais on lui consacra *un chapitre particulier, spécial*, comme on le devait à une institution d'un haut et puissant intérêt pour la magistrature, venant reprendre sa place ancienne dans la législation du pays.

Avant de reproduire l'article du décret de 1810, relatif à la vétérance, il est bon de se fixer de nouveau sur l'état des choses à cette époque.

Le décret de 1807 existait seul et ne concernait que les magistrats hors d'état de remplir leurs fonctions, et jamais il n'avait été entendu autrement dans son application. Jusqu'alors rien n'avait été fait pour les magistrats valides qui désiraient se retirer après de longs services,

---

1. *État des cours de l'Europe*, par Laroche-Tilhac, 1784.

et dont il était bon cependant de ne pas perdre entièrement l'*utile concours*.

Le roi n'avait jamais, avant 1789, accordé à personne l'honorariat, inventé. en 1807 pour les hommes expulsés malgré eux des tribunaux, en raison de leurs infirmités.

En rétablissant la vétérance pour les magistrats doués encore de toutes leurs facultés, peut-on supposer un seul instant au législateur de 1810 l'intention d'appliquer le décret de 1807 à cette catégorie de juges? C'est impossible.

Comment procédera-t-on pour atteindre le but qu'on se propose?

On conservera, dans la loi nouvelle, au souverain, comme nos rois se l'étaient toujours réservé, le droit, si nécessaire à une bonne composition des magistrats vétérans, d'apprécier leurs mérites et leurs titres; la mention des priviléges conservés sera désormais écrite dans la loi nouvelle elle-même, comme elle l'avait été en 1807 pour les magistrats infirmes [1].

La forme adoptée au seizième siècle et continuée, après l'accord intervenu entre le Parlement et la Couronne, n'est plus nécessaire. Il n'y a plus de résistance à craindre et à vaincre comme avant 1789; on ne rencontrera plus de refus

1. Il n'y avait pas de motifs pour procéder autrement, le souverain restant toujours le maître d'accorder ou de refuser l'honoraire aux magistrats qui se retiraient volontairement.

comme on en avait rencontré autrefois dans le Parlement de Bourgogne et dans d'autres tribunaux.

Ainsi, plus de détails des priviléges conservés dans chaque lettre : c'est la loi seule qui contiendra ces détails; plus de nécessité d'introduire, *pour forcer au besoin* la mauvaise volonté des Cours souveraines, la forme générale des lois et édits ainsi conçus : *Si vous mandons et ordonnons que vous ayez à enregistrer les présentes;* plus de *lettres de jussion.*

Les explications qui précèdent donnent la clef de la rédaction de l'article 77 du décret de 1810 et tel est le motif des deux dispositions très-distinctes qu'il contient. Il est bon maintenant de connaître le préambule de ce décret, et ensuite les dispositions qu'il renferme.

La section VIII, titre I, du décret du 6 juillet 1810, a pour intitulé :

« *Des magistrats qui se retirent après trente ans d'exercice, et des magistrats qui meurent dans l'exercice de leurs fonctions.*

« Sur le rapport de notre grand juge, ministre de la justice, *le conseil d'État entendu :*

« ART. 77. — Après trente ans d'exercice, les président et conseillers de la Cour impériale qui auront bien mérité dans l'exercice de leurs fonctions pourront se retirer avec le titre de président ou de conseiller honoraire, lorsque nous leur aurons fait expédier nos lettres pour ce nécessaires : ils continueront de jouir des honneurs et priviléges attachés à leur état ; ils pourront assister, avec voix délibérative, aux assemblées des chambres et aux audiences solennelles. Nous nous réservons en outre de leur donner, suivant les circonstances, des marques particulières de notre bienveillance. »

Ainsi la vétérance, institution aussi ancienne que les Parlements eux-mêmes, est rétablie. On la soumet cependant à des modifications importantes. On décide qu'à l'avenir on exigera trente années de magistrature au lieu de vingt, temps jugé suffisant avant 1789. Combien alors se présenteront de magistrats pour profiter des priviléges de la vétérance ? C'est le prix et la récompense de la victoire remportée sur le temps et sur les chances si rares d'une longue vie, consacrée tout entière au culte des lois et de la justice.

On refuse aux vétérans (dérogation immense) le droit d'assister aux audiences ordinaires. Ils ne siégeront, avec voix délibérative, que dans les assemblées de toutes les chambres et aux audiences solennelles, et, par conséquent, lorsque la Cour sera suffisamment *garnie de pairs.* On craignait de voir se renouveler l'inconvénient, dont on avait pu se plaindre autrefois, d'un trop grand nombre de vétérans, faute d'observer les prescriptions de la loi quant aux années de services.

On écarte tout à fait, par le même motif, en les omettant à dessein, les magistrats des tribunaux civils.

Les juges valides qui désirent se reposer après trente années de magistrature, non compris, comme nous l'avons prouvé, dans le décret de 1807, le sont dans celui de 1810, et c'est *pour eux seuls* que l'article 77 est rédigé.

On ne les a pas mis de force à la retraite, doués encore de toutes leurs facultés; mais, ne pouvant supporter un travail trop assidu, ils se sont retirés volontairement. On les regrette, on voudrait les retenir encore dans leurs fonctions; cependant on ne se privera pas entièrement de leur concours, on espère encore les retrouver dans les occasions solennelles. On conservera à ces dignes magistrats des priviléges importants; mais il faut pour cela qu'ils n'aient pas démérité, que des circonstances fâchéuses ne les aient pas forcés à se retirer; malheureusement on en a vu des exemples, quoique rares. Il conviendra d'apprécier si, après trente années de magistrature, ils sont dignes de l'honorariat; mais, une fois l'honorabilité reconnue et le titre d'honoraire accordé, c'est la loi seule, dans la seconde partie de l'article 77, qui indique à ces magistrats, si dignes de récompense par leurs longs et bons services, les fonctions qu'ils pourront, par la suite, continuer à exercer.

Voilà la raison qui a déterminé le législateur à établir une différence entre l'honorariat *de plein droit* de l'article 3 du décret de 1807, et celui introduit par l'article 77 du décret de 1810.

C'est toujours *dans les deux cas et dans la loi elle-même que les magistrats honoraires des deux catégories* trouvent mentionnées les fonctions qu'ils pourront exercer à l'avenir, et sans une concession nominale et spéciale; et l'on voudrait appliquer aux vétérans de l'article 77 les dispositions de l'article 3 du décret de 1807, et prétendre que ce décret a été fait pour eux!

La loi ne s'occupe pas des magistrats valides qui ne peuvent se prévaloir des trente ans de services. Il n'y aura en France que deux classes de magistrats honoraires : *les aveugles et les sourds*, régis par le décret de 1807, et les *valides*, après trente ans de services. Ceux-là seront régis par l'article 77 du décret de 1810.

Pourquoi accorderait-on, en effet, le titre de magistrat honoraire, dû seulement *aux longs services*, à des hommes sains de corps et d'esprit, pouvant encore, pendant de longues années, être utiles à leur pays, lorsque par paresse, par inconstance, par dégoût, souvent aussi pour embrasser d'autres carrières toujours plus lucratives, quoique moins honorables, ils abandonneraient leurs nobles fonctions?

Une telle conduite, il faut en convenir, ne méritait pas d'encouragement; on ne doit pas accorder de récompense à la désertion.

D'autres motifs puissants engageaient également le législateur à n'accorder l'honorariat qu'à un petit nombre de magistrats. Il ne lui convenait pas *de surcharger* les Cours impériales de magistrats honoraires, dont LA MULTIPLICITÉ aurait affaibli la considération due à l'institution de la vétérance.

Les magistrats honoraires conservant *leur ancien rang* auraient encombré les places réservées dans les cérémonies publiques; où se seraient placés alors les titulaires?

Le gouvernement impérial prenait toujours les choses au sérieux, il respectait les institutions qu'il avait créées; on n'a jamais eu à lui reprocher une trop grande prodigalité dans les grâces qu'il accordait. On n'a jamais pu dire de ses faveurs, de ses titres et de ses décorations, achetés par de belles actions dans toutes les carrières, ce qu'on avait dit au seizième siècle d'un ordre de chevalerie célèbre.

VIII

Après la chute du gouvernement impérial, survint la charte de 1814, qui consacra l'inamovibilité de la magistrature.

L'article 8 portait :

« Les juges nommés par le roi sont inamovibles. »

Un vif débat ne tarda pas à s'élever dans le sein de la Chambre des députés sur l'interprétation de la nouvelle charte.

Les députés de l'opposition, effrayés, non sans raison, d'une nouvelle institution de tous les juges de France, mesure devant nécessairement entraîner des dénonciations intéressées et d'injustes destitutions, prétendirent que les magistrats en exercice au moment de la promulgation de la charte se trouvaient nécessairement investis de l'inamovibilité.

Mais le texte de la charte était clair ; les juges en exercice n'avaient pas été *nommés par le roi*.

Le principe d'une institution nouvelle pour tous les magistrats prévalut.

Des hommes intègres, très-capables, dans la force de l'âge, furent congédiés. On reprochait à plusieurs, et sur ce point on était dans le vrai, leur dévouement au gouvernement impérial; d'autres, sans crédit, sans protecteurs, furent également sacrifiés : car il fallait récompenser des amis, des parents, satisfaire des exigences.

Le mode employé pour annoncer à ces magistrats la cessation de leurs fonctions fut on ne peut plus brutal. Le *Moniteur* seul apprit à des magistrats recommandables leur remplacement [1].

Le garde des sceaux, Barbé Marbois, disait, et certes rien de plus honorable ne pouvait être dit de la magistrature de cette époque :

« J'ai reçu de nombreuses dénonciations contre les magistrats, à cause de leurs opinions politiques,

1. L'un d'eux, M. Royer, appartenait à la Chambre dont nous faisions partie; il vint au palais, comme à son ordinaire, le jour où l'ordonnance d'organisation de la Cour royale de Paris parut dans le journal officiel, ne se doutant de rien.

Nous fûmes cruellement embarrassés pour lui annoncer cette fatale nouvelle; il avait déjà passé sa robe pour monter à l'audience; il y avait urgence. On lui donna le *Moniteur* à lire; il fut frappé comme d'un coup de foudre, *proféra de gros mots*, prit son chapeau et se retira sans parler à personne.

Nous espérions alors que jamais, à l'avenir, la magistrature française n'aurait à enregistrer de pareils faits dans ses annales.

mais aucun n'a été accusé devant moi d'indélicatesse dans l'exercice de ses fonctions. »

Le Gouvernement se trouvait très-embarrassé des magistrats destitués; l'estime générale les environnait; on criait à l'injustice, à la réaction. Leurs anciens collègues les regrettaient vivement.

M. Faget de Raure, président de la Cour royale de Paris, chargé de l'installation du tribunal de la Seine, disait dans cette circonstance: « Toutefois, vous regretterez peut-être quelques-uns de vos anciens collègues; *mais ne doutez pas que les places dont ils sont dignes* ne leur soient réservées dans d'autres tribunaux. Il est dans l'intention du roi de ne laisser aucun talent sans emploi ni aucun service sans récompense. » Espérances trompeuses et vaines promesses!

On lisait dans l'ordonnance d'institution de la Cour royale de Paris : « Les conseillers de la Cour impériale et les officiers du parquet qui ne sont pas compris dans la présente institution pourront porter le titre d'honoraire s'ils obtiennent de nous des lettres à ce nécessaires. »

On cherchait ainsi à calmer l'opinion publique. Les événements se succédèrent rapidement; on ne tarda pas, il en est toujours ainsi en France, à oublier les magistrats destitués, et, lorsque ceux-ci voulurent faire usage du titre d'honoraire, on leur déclara que l'on avait entendu ne leur appliquer que l'article 3 du décret du 2 octobre 1807. *C'était un brevet d'invalide* [1].

L'article 3 invoqué ne leur était pas plus applicable que l'article 77 du décret de 1810. Ils n'étaient pas infirmes et ne comptaient pas trente années de magistrature.

En vertu de quel droit agissait donc, dans cette circonstance exceptionnelle, le gouvernement de la Restauration? Ce ne pouvait être qu'en vertu du POUVOIR CONSTITUANT que le roi s'était réservé par la charte de 1814, par suite du droit qu'elle lui conférait de réorganiser la magistrature.

Voilà le véritable motif qui justifiait, *mais pour cette fois seulement*, les nominations de magistrats honoraires, sans rentrer soit dans les conditions de l'article 3 du décret de 1807, soit dans celles de l'article 77 du décret de 1810.

Un jour, ceci se passait à la fin de 1819, à une époque où le gouvernement de la Restauration paraissait près de sa chute, une véritable avalanche de magistrats honoraires, composée d'un président et de quatre conseillers, vint s'abattre à

---

1. Il est certain cependant que jamais le gouvernement de la Restauration ne pensa à détruire l'institution de la vétérance, qui ne devait être appliquée que vingt années plus tard.

l'audience solennelle de la Cour royale d'Amiens, et, chose incroyable, on leur permit de siéger avec voix délibérative. Il était impossible de violer davantage les lois et décrets en vigueur; car, en 1819, *nul magistrat*, en France, ne pouvait compter trente années de services, toute la magistrature ayant été réorganisée en 1810, et le délai de trente années ne partant que de cette époque.

Le gouvernement de la Restauration, déjà ébranlé [1], s'effraya à un point extrême. Il voyait des hommes très-irrités, très-hostiles, partisans déclarés du gouvernement impérial, *chassés par la porte, rentrer par la fenêtre*. Il lui semblait que son influence dans les tribunaux lui échappait. Nous avons vécu à cette époque; nous siégions à la Cour royale de Paris. Nous fûmes témoins des terreurs du Gouvernement et *des démarches nombreuses* qui eurent lieu et qu'il serait superflu de déduire ici.

Nous arrivons ainsi, après vingt années, au 6 juillet 1840, jour de l'échéance *des trente années* de l'article 77 du décret de 1810.

1. « Les années 1820 et 1821 furent surtout des périodes de crise : troubles généraux, querelles particulières, émeutes, duels, conspirations militaires, *le pays bouillonne et fermente*. La bourgeoisie, pour répondre aux provocations du pouvoir, envoie à la Chambre des députés un régicide, sinon de vote, du moins d'approbation, l'abbé Grégoire. La fermentation dans laquelle se

Ce n'était qu'à partir de sa promulgation que le délai fixé donnait ouverture au droit de vétérance.

Ce fut un grand malheur pour la magistrature française.

Si, en 1810, la vétérance eût été mise en action immédiatement par le gouvernement impérial (mais cela n'était pas possible alors), l'institution serait entrée dans les habitudes, comme beaucoup d'autres dispositions des lois et décrets concernant la magistrature, et qui sembleraient peut-être fort extraordinaires aujourd'hui si on les voyait apparaître pour la première fois.

La loi du 6 juin 1824 ne s'est pas occupée de la question de l'honorariat; cette loi ne s'applique, comme le décret de 1807, qu'à des magistrats *invalides :* loi devenue nécessaire depuis le retour à l'inamovibilité. On ne comprend pas comment on pourrait en tirer un argument aujourd'hui, à l'égard des magistrats valides. Qui le croirait cependant? on a voulu aussi appliquer cette loi de 1824, antérieure de seize ans à l'échéance des trente années, aux magistrats placés dans

trouve la France s'étend à une partie de l'Europe. » (*Le Siècle*, 7 février 1859, Taxile Delord.)

A cette même époque le procureur général de la Cour royale de Paris terminait ainsi sa mercuriale, après avoir dépeint avec les plus effrayantes couleurs la position des choses : « *nos chaises curules nous attendent!* »

le cas exceptionnel de l'article 77 du décret de
1810.

Peu d'années s'écoulèrent depuis 1840 jusqu'à
la loi sur la retraite forcée, fixant seulement l'âge
de la retraite et le droit à une pension, mais
gardant un silence absolu sur les magistrats honoraires.

On ne peut compter le temps qui s'est écoulé
durant la République de 1848. Une demande
ayant trait à l'exécution de l'article 77, faite alors,
aurait reçu le refus le plus absolu, à une époque
où on ne respectait plus rien, où l'on suspendait
les magistrats, sous un gouvernement où le principe sacré de l'inamovibilité était lui-même mis
en question et aurait infailliblement succombé
plus tard.

Tout le monde sait qu'avant la loi de la retraite
forcée, les juges mouraient à leur poste; les infirmes, à très-peu d'exceptions près, demandaient seuls la retraite, et y étaient contraints[1].
D'autres, un peu moins affligés, et qu'en bonne
justice, cependant, on aurait dû aussi écarter
malgré eux, trouvaient place dans les chambres

---

1. Ne pouvant, comme avant 1789, transmettre leurs charges
à leurs enfants, à leurs proches parents, ou les vendre à des
étrangers, ils ne se retiraient qu'à la dernière extrémité; ils se *cram-
ponnaient* à leurs fonctions. Plusieurs ont essayé de céder leurs
places moyennant une somme d'argent ou une rente viagère : la
Chancellerie s'est toujours opposée, et avec raison, à ce genre de
transmission qui serait devenu trop fréquent,

d'accusation, très-peu occupées dans les provinces. On craignait d'affliger de vénérables magistrats, déjà assez malheureux par leurs infirmités, et de diminuer leur aisance au moment où ils avaient le plus grand besoin de la totalité de leur traitement, en les forçant à recevoir une faible pension de retraite.

Ce ne fut qu'après le décret rendu par le président de la République, pendant le temps de son omnipotence, que plusieurs magistrats de Cours impériales, âgés de plus de soixante-dix ans, encore pleins de vigueur et jouissant de toutes leurs facultés physiques et morales, se sont trouvés écartés forcément des fonctions judiciaires. On en a vu d'autres se retirer *volontairement*, pour prévenir de quelques mois la déchéance prononcée par la loi nouvelle.

UNE CHOSE CERTAINE, INCONTESTABLE, c'est que, *sous le premier Empire*, ceux de ces magistrats qui se seraient trouvés placés dans les conditions de l'article 77 auraient joui, *sans contestation*, des priviléges de l'article précité. Pourquoi les leur refuserait-on aujourd'hui, sous le règne de Napoléon III?

Cependant, quand ils se sont présentés à la Chancellerie, *nous en connaissons un très-particulièrement*, et qu'ils ont demandé l'exécution de l'article 77 du décret de 1810, ils ont été repoussés; on les a renvoyés à l'article 3 du décret de 1807, et on a prétendu les confondre avec *les sourds, les aveugles*, et avec ceux qui *sont atteints d'infirmités graves*, quoiqu'ils eussent l'oreille beaucoup plus fine et la vue beaucoup plus perçante que certains magistrats titulaires. Nous le demandons ici, aurait-on proposé sous Napoléon Ier un tel honorariat à des magistrats aussi dignes de récompense, honorariat qu'il n'a jamais été dans l'intention du législateur de leur appliquer?

La loi de 1810 est postérieure à celle de 1807; s'il est une maxime de droit incontestée, c'est celle qui décide que *posteriora derogant prioribus*. Et l'on veut appliquer à des magistrats vétérans une loi ne les concernant pas, alors qu'ils peuvent en invoquer une postérieure, loi portant expressément qu'ils continueront, quand ils auront obtenu le titre d'honoraire, *de jouir des honneurs et priviléges attachés à leur état*, et *qu'ils pourront assister avec voix délibérative aux assemblées des chambres et aux audiences solennelles!*

On a encore motivé le refus en prétendant qu'il fallait impérieusement, pour jouir des avantages assurés par l'article 77, que la mention des priviléges qu'il renferme fût formellement exprimée dans le décret conférant l'honorariat.

Rien de plus contraire à l'interprétation saine et véritable de l'article. La marche suivie par le législateur est logique; il introduit d'abord, dans la première partie de l'article 77, le nombre d'années exigées pour obtenir la vétérance, en réservant en même temps au souverain le droit de l'accorder ou de la refuser.

Il en devait être ainsi. Il peut arriver, et malheureusement il y en a eu des exemples, qu'un magistrat *ne soit pas digne* d'une récompense, même après trente années de magistrature, et que l'on soit trop heureux de s'en débarrasser tout à fait.

Voilà le but de la première partie de l'article 77; il n'en est plus ainsi *dans la seconde partie*, lorsque le magistrat est *jugé digne de l'honorariat;* la loi alors s'explique, et elle devait s'expliquer, sur ce qui lui restera encore des fonctions que naguère il exerçait comme titulaire. Ce n'est pas un nouveau don, mais seulement la continuation *restreinte* des fonctions antérieurement exercées et que la loi détermine.

Le législateur, en rétablissant la vétérance ancienne, a dû inscrire dans la loi les fonctions du magistrat honoraire, et ne pas exiger qu'elles fussent nommément exprimées comme avant 1789 dans les lettres patentes elles-mêmes, puisqu'à cette époque la mention *n'était que de forme*, et pour forcer, en cas de refus, à leur exécution. Mais aujourd'hui, EN JUSTIFIANT DE TRENTE ANNÉES DE SERVICES *et de sa nomination comme honoraire,*

le président ou conseiller de Cour impériale n'a
plus qu'à se présenter pour exercer ses fonctions et qu'à consulter la seconde partie de
l'article 77 pour en connaître l'étendue. Le magistrat honoraire se trouve identiquement placé
dans les mêmes conditions *qu'un magistrat titulaire*, qui reçoit son décret de nomination conçu
dans les mêmes termes que celui octroyé au premier [1] : on n'a pas besoin, en effet, de détailler
au conseiller titulaire, dans le décret de sa nomination, les fonctions qu'il doit remplir et qu'il
trouve tracées dans nos codes et dans toutes les
lois de la matière.

Le décret de 1810 a pour but de faire pour
les magistrats encore valides ayant le temps de
service exigé et devenus honoraires, ce qu'il avait
déjà fait dans l'article 3 du décret de 1807 pour
les malheureux infirmes dont il s'occupait *exclusivement* à cette époque.

Ainsi, nous ne pouvons trop le répéter, si les
mérites d'un magistrat le rendent digne de l'honorariat après trente années de services, si le chef
de l'État croit juste de lui accorder le titre d'honoraire (et on ne peut supposer un instant qu'il
accorde cette faveur à un magistrat *indigne*, ou
seulement *à moitié indigne :* car alors que de-

---

1. M..., ancien conseiller à la Cour impériale de..., est nommé
conseiller honoraire de ladite Cour.

viendrait cette récompense?), tous les priviléges de la seconde partie de l'article 77 lui appartiennent *de plein droit;* il les trouve écrits dans la loi, et on ne peut les lui refuser.

Relisons de nouveau, et pour la dernière fois, l'article 77 du décret de 1810 :

« Après trente ans d'exercice, les présidents et conseillers de la Cour impériale qui auront bien mérité dans l'exercice de leurs fonctions, pourront se retirer avec le titre de président ou de conseiller honoraire, lorsque nous leur aurons fait expédier nos lettres pour ce nécessaires : ils continueront de jouir des honneurs et priviléges attachés à leur état; ils pourront assister, avec voix délibérative, aux assemblées des chambres et aux audiences solennelles. Nous nous réservons en outre de leur donner, suivant les circonstances, des marques particulières de notre bienveillance. »

Si l'article 77 avait entendu, dans sa première partie, réserver au souverain, après avoir accordé l'honorariat, le droit de refuser les avantages détaillés dans sa seconde partie, on aurait ajouté après ces mots : « *ils pourront assister, avec voix délibérative, aux assemblées des chambres et aux audiences solennelles :* » *lorsque nous les y aurons autorisés,* ou toute autre phrase équivalente.

On voit donc clairement par ce qui précède que le décret de nomination fait purement et simplement le magistrat honoraire, mais qu'ensuite c'est la loi elle-même qui intervient ET QUI ATTACHE, comme droits inhérents à sa nouvelle dignité, les différentes prérogatives déterminées par la deuxième disposition du même article.

Nous devons ici faire connaître l'impression qu'éprouvent des hommes auxquels on ne peut contester une profonde connaissance de la langue française, à la lecture de l'article 77 du décret de 1810. L'un d'eux nous écrivait : « Je suis bien peu propre à donner une consultation académique sur un article de loi ; il me semble toutefois, à la simple lecture, que les lettres une fois obtenues, les présidents et conseillers continueront PAR LE FAIT de jouir des honneurs et priviléges, ET CE QUI S'ENSUIT. La seconde partie de la phrase me paraît LE COMPLÉMENT ET LE DÉVELOPPEMENT de la première[1]. »

Il convient de tirer de tout ce qui précède cette conséquence rigoureuse, que si le gouvernement persiste à vouloir anéantir l'institution de la vétérance, il ne doit plus accorder à l'avenir le titre d'honoraire aux magistrats auxquels l'article 77 du décret de 1810 est appli-

---

1. M. Sainte-Beuve, membre de l'Académie française.

cable. Les plus dignes de récompense par l'an‑
cienneté de leurs services seront rejetés, exclus :
voilà tout ce qui en adviendra. A l'égard des
magistrats honoraires nommés jusqu'à présent
et placés dans les conditions de l'article 77, on
ne peut leur refuser les droits que cet article
leur accorde.

Ainsi s'éteindra sans bruit, sans retentissement
et comme *à la sourdine*, une institution fondée
par Napoléon le Grand.

Mais qui peut deviner l'avenir? Un jour, il
faut l'espérer, on reviendra à l'article 77 du dé‑
cret de 1810, article qui subsistera toujours dans
la loi, et que l'on pourra appliquer quand on
comprendra mieux, suivant nous, les véritables
intérêts de la magistrature française; on rendra
alors hommage à une institution créée par le plus
grand homme des temps modernes, pour récom‑
penser d'une manière convenable et digne les
longs services des magistrats ayant bien mérité
de leur pays.

IX

Il convient de dire quelques mots de l'instruction CONFIDENTIELLE du 5 avril 1820, adressée aux procureurs généraux, et qui devint si funeste à la magistrature.

Nous doutons fort que ce document ait été alors sérieusement examiné par le ministre de la justice; aurait-il laissé passer cette phrase véritablement incroyable ET INJURIEUSE au plus haut degré pour les anciens magistrats des tribunaux civils : « QU'ON NE PEUT SUPPOSER QUE LES VERTUS ET LES TALENTS D'UN MAGISTRAT ATTACHÉ A UN TRIBUNAL Y RESTERAIENT OUBLIÉS PENDANT TRENTE ANNÉES. »

Il arrive quelquefois que des instructions ont été rédigées sans soin, promptement, et sans le contrôle sérieux d'un ministre. Il faut nécessairement ranger celle-ci dans cette classe. Les imputations contenues dans cette circulaire sont aussi injurieuses que *fausses*. Et comment cela aurait-il pu échapper à la plume d'un ministre de la justice, chargé avant tout de la défense de l'honneur des magistrats?

Combien d'hommes, peu ambitieux, ont vu leurs collègues, ayant moins de mérite qu'eux-mêmes, mais intrigants et protégés, leur être préférés pour l'avancement dans leur carrière! N'arrive-t-il pas tous les jours que les magistrats les plus capables des Cours impériales obtiennent des places de présidents dans les tribunaux de première instance de nos grandes villes [1] et y finissent leurs jours? Combien aussi de juges modestes, d'un mérite exceptionnel, heureux au sein de leurs familles et de leurs propriétés, ont refusé toute espèce d'avancement [2]!

Le ministre, auquel les sceaux étaient alors confiés, pouvait-il ignorer la véritable cause qui avait déterminé le législateur de 1810 à n'accorder voix délibérative aux magistrats vétérans des Cours impériales que dans les assemblées des chambres et aux audiences solennelles, et le motif qui avait fait retirer le droit ancien de siéger *au conseil,* c'est-à-dire aux audiences ordinaires? Pouvait-il ignorer aussi que l'on n'admettait que deux magistrats honoraires dans chaque

1. M. Try, à Paris; M. Ravier du Magny, à Lyon; M. Jordan, conseiller à la Cour royale de Lyon, qui demanda et obtint la place de président à Belley, et tant d'autres.
2. M. Chevrier, président à Bourg; M. Perrier, à Villefranche; et tant d'autres aussi.

chambre du Châtelet de Paris, et le même nombre dans les Présidiaux et dans les Bailliages, le tout pour ne pas encombrer ces tribunaux, peu nombreux, de magistrats honoraires? Il devait savoir que nul magistrat, en 1820, ne comptait trente ans de services, puisque la réorganisation de *tous* les tribunaux avait eu lieu en 1810, et que l'article 77 ne pouvait avoir d'effet rétroactif.

L'instruction envoyée aux procureurs généraux se ressent *des circonstances critiques* où se trouvait alors le gouvernement de la Restauration, cherchant à comprimer le mouvement général des esprits dirigé contre lui, Elle n'a pas eu d'autre cause.

Ce qui s'était passé à la Cour d'Amiens, l'année précédente, avait, comme nous l'avons dit, effrayé le gouvernement.

Il est facile d'apercevoir dans l'instruction le but *unique* qu'elle se propose et la circonstance qui l'a provoquée. Ce but se retrouve à plusieurs reprises. Il faut à tout prix écarter à jamais les magistrats expulsés qui ont eu l'audace de se présenter aux audiences des Cours et tribunaux, et que l'on a cru devoir, contrairement aux lois, admettre avec voix délibérative.

La circulaire ajoute : « L'article 77 du décret de 1810 exige d'abord que le magistrat qui se retire ait trente ans de services; il veut ensuite que la retraite soit volontaire : *pourront se re-*

tirer, dit l'article. Il résulte de là que les membres des Cours, *qui n'ont point été compris dans les nouvelles institutions*, ne peuvent prétendre aux prérogatives énoncées dans l'article 77 précité, quand même le titre d'honoraire leur aurait été accordé, soit par l'ordonnance portant institution de la Cour à laquelle ils appartiennent, soit par une ordonnance particulière, quand même ils auraient réellement trente années de services » (or, nous savons que cela n'était pas possible à cette époque). On lit plus bas que « le titre d'honoraire que le roi accorde aux membres des Cours et tribunaux *qu'il n'a pas maintenus*, n'a eu d'autre objet que *d'adoucir* ce que leur retraite forcée pouvait avoir de pénible pour eux. » Il n'est donc pas possible de l'assimiler, pour ses effets, au titre d'honoraire dont parle l'article 77.

C'est alors, pour la première fois, que l'on excipe de l'article 3 du décret de 1807, et que l'on dit : « Les droits des magistrats écartés sont réglés par l'article 3 du décret du 2 octobre 1807, qui est relatif aux magistrats qui, forcés de se retirer POUR UNE CAUSE QUELCONQUE, n'ont cependant pas démérité. »

Voilà l'article 3, dont on avait besoin dans la circonstance, ADROITEMENT introduit et faussement interprété, quant à son application. On se garde bien de parler de la catégorie de magistrats auxquels seulement il est applicable, et avec ces mots : POUR UNE CAUSE QUELCONQUE, on atteint le but qu'on se propose.

Qui aurait pu alors réclamer? personne; car les magistrats éliminés ne remplissaient pas les conditions de l'article 77, et personne, en France, ne pouvait légalement faire valoir des droits à la vétérance !

Et cependant c'est de là que sort la fausse interprétation donnée par la suite à ce même article 3.

Pourquoi l'instruction adressée confidentiellement aux procureurs généraux ne relate-t-elle pas le décret de 1807 en entier, avec son titre? Pourquoi en est-il ainsi de l'article 77, dont on ne reproduit pas le titre et le texte? C'est que la simple lecture des décrets aurait repoussé les conséquences que l'on voulait en tirer.

On se garde bien de parler des usages antérieurs à 1789; de l'impossibilité de supposer que le législateur de 1810 ait voulu introduire pour les vétérans un honorariat nouveau.

En voici assez sur l'instruction adressée aux procureurs généraux. Disons cependant, en terminant, qu'elle est *tout à fait dans le vrai* quand elle s'exprime de la manière suivante :

« QUE TOUTE NOTRE LÉGISLATION, dans cette partie, se trouve écrite dans l'article 3 du décret du 2 octobre 1807, et dans l'article 77 du décret du 6 juillet 1810 ; qu'il y a deux classes de magistrats honoraires : *les uns conservent leur titre et leur rang*, mais n'exercent aucune fonction ; les autres ont droit d'assister, avec voix délibérative, aux assemblées des chambres et aux audiences solennelles ; que le but de l'article 77 du décret de 1810 a été DE NE PAS PRIVER LES COURS DE MAGISTRATS DISTINGUÉS ; que, parce qu'ils fléchissent sous le poids du travail de tous les jours, ils n'ont pas perdu pour cela *leurs lumières et leur expérience.* »

Nous ne dirons qu'un seul mot de l'arrêt de la Cour de cassation rendu dans les circonstances critiques que l'on connaît. Nous applaudissons au premier motif.

« Que les magistrats qui avaient concouru à l'arrêt de la Cour d'Amiens *n'avaient pas le temps d'exercice requis* par l'article 77 du décret du 6 juillet 1810, et *n'auraient pas même pu être susceptibles d'obtenir des lettres du roi.* »

La Cour aurait dû s'arrêter à ce seul motif, le seul bon, le seul légal. Pourquoi emprunter ensuite à l'instruction de 1820 d'autres motifs évidemment erronés, comme nous venons de le démontrer, et pourquoi traiter en 1820, et d'avance, une question qui ne pouvait donner matière à discussion *que vingt années plus tard?*

Ce fut ainsi, par une fausse application de l'article 3 du décret de 1807, *que l'on créa une nouvelle classe* de magistrats honoraires, qui devait, par la suite, absorber et dévorer l'institution de la vétérance elle-même et priver les magistrats d'une récompense qui leur était assurée par la loi.

X

Nous n'avons jusqu'à présent envisagé les questions que soulève le rétablissement de la vétérance que sous le point de vue purement légal.

Nous devons maintenant examiner s'il convient de laisser s'éteindre et périr à jamais une si importante institution, qui peut donner au gouvernement un moyen d'influence et en même temps la faculté de récompenser de bons et fidèles serviteurs.

Si le fondateur de la dynastie napoléonienne, si le héros qui a rétabli en France une magistrature forte et respectée, si les hommes illustres qui siégeaient dans ses conseils au commencement du siècle, ont jugé indispensable à la considération de la magistrature le rétablissement de la vétérance, pourquoi se croirait-on plus éclairé que ce grand homme et que ses conseillers? Pourquoi ne pas accomplir les promesses si formelles de Napoléon le Grand? Pourquoi aussi cette funeste tendance, qu'on ne peut trop combattre, de se croire plus habile et plus sage, et, par suite, pourquoi rejeter ou modifier les institutions qu'il a fondées?

Nous osons affirmer que les priviléges de la vétérance sont plus nécessaires aujourd'hui à l'éclat de la magistrature nouvelle qu'ils ne l'étaient à l'ancienne. La loi sur la retraite forcée l'a rendue encore plus indispensable.

Personne n'ignore qu'avant 1789 la plupart des magistrats des Parlements possédaient de grandes terres, de vastes domaines féodaux, où on les traitait presque en souverains. Leurs familles se trouvaient alliées aux plus grandes maisons du royaume; leurs noms, illustrés depuis des siècles, appartenaient à l'histoire. Il suffit de nommer Harlay, Molé, Lamoignon, Bignon, Séguier, Brisson; tous pouvaient transmettre leurs charges à leurs enfants. Nous les voyons cependant se faire accorder, et avec de pompeux éloges, des lettres de vétérance, qu'on ne leur refusait jamais, s'ils s'en étaient rendus dignes.

Les magistrats de notre siècle conquièrent leurs grades par de longs et laborieux services, par une étude approfondie des lois, par un zèle inaltérable dans l'exercice de leurs fonctions, par une probité à toute épreuve. La France entière apprécie leurs mérites. La retraite forcée les frappe lorsqu'ils pourraient encore pendant longtemps servir utilement leur pays; on les voit fréquemment, dans les années qui précèdent ce moment fatal, tristes, préoccupés de leur position à venir, compter les années, les mois! Ils vont tomber de bien haut et sans pouvoir espérer un véritable adoucissement dans leur chute. On en a vu même verser des larmes et ne pouvoir supporter ce changement d'état!

Plusieurs espèrent gagner encore quelques années, en obtenant un siége à la Cour de cassation; mais dans cette cour, à soixante-quinze ans, *c'est la mort judiciaire sans phrases.*

De dignes magistrats se trouvent, dans leur vieillesse, confondus dans la foule, car, il faut le dire, le public ne considère pas l'honorariat actuel comme de quelque valeur et de quelque importance. On ne fait pas en France, dans un siècle aussi *positif* que le nôtre, cas d'un titre sans aucunes fonctions effectives et réelles. Ces magistrats auraient certainement le plus grand besoin, pour se soutenir encore avec quelque éclat, de pouvoir user des droits réservés aux magistrats vétérans par l'article 77 du décret de 1810. Loin de les priver d'une si précieuse récompense, il serait bon, il serait de toute justice en même temps, *depuis la loi sur la retraite forcée*, d'en abréger les conditions rigoureuses en portant, par exemple, à vingt années au lieu de trente le temps de service exigé, et en appliquant aussi la vétérance à la Cour de cassation.

On se représenterait difficilement la joie qu'éprouveraient les doyens de la magistrature, encore émus de leur retraite involontaire, de se trouver réunis à leurs anciens collègues, comme le faisait souvent le célèbre Bouhier, de délibérer encore quelquefois avec eux dans les mêmes lieux où ils ont passé les plus belles années de leur vie, et de pouvoir concourir à l'application des lois dans des occasions importantes.

Le public, toujours reconnaissant des bons services des vétérans, les reverrait avec plaisir.. Leur concours serait très-utile à la Cour de cassation dans les importantes questions de jurisprudence qu'elle est appelée à trancher dans ses réunions générales. Aux audiences solennelles des Cours impériales, les lumières des vétérans seraient également précieuses dans les causes toujours si graves intéressant l'état des citoyens, et dans les procès soumis à leur jugement par suite des renvois de cassation[1].

Ainsi se trouveraient *affaiblis*, en grande partie du moins, pour le maintien *d'une même jurisprudence*, les inconvénients qui résultent de la loi sur la retraite forcée.

Les magistrats vétérans conserveraient à l'égard de l'ordre des avocats une position digne et convenable, puisqu'ils pourraient assister aux assemblées générales de leur compagnie, pour juger les appels dirigés contre les décisions des conseils de discipline de cet ordre. On les verrait aussi se présenter dans l'assemblée générale des chambres pour résoudre les questions d'administration intérieure de leur ancienne compagnie, qu'ils ont quittée avec tant de chagrin et en emportant les regrets de tous.

Objecterait-on, et c'est encore un argument de la malheureuse instruction de 1820, qu'il convient que le public connaisse d'avance les

---

1. On pourrait peut-être décider qu'ils n'assisteraient que quatre à la fois, suivant leur ordre d'ancienneté, aux audiences solennelles, comme autrefois les maîtres des requêtes dans les Parlements, ou même deux seulement, comme anciennement au Châtelet de Paris et dans les Présidiaux et Bailliages.

Ils conserveraient le droit d'assister tous aux assemblées générales de leur Compagnie.

magistrats qui doivent juger leurs différends?
On pourrait contester cette prétendue nécessité,
qui présente souvent plus d'inconvénients que
d'avantages, en provoquant des démarches pénibles, et dans tous les cas sans utilité véritable
auprès de magistrats intègres. Mais ne voit-on
pas tous les jours des juges suppléants que l'on
connaît à peine venir juger les procès, et, dans
les Cours elles-mêmes, une chambre, quand elle
ne peut se compléter, n'emprunte-t-elle pas
très-souvent et inopinément des magistrats à une
autre chambre?

Les magistrats vétérans sont-ils donc des in-
connus, *tombent-ils donc des nues?* Ils sont souvent plus connus dans le pays où ils ont longtemps exercé leurs fonctions que ceux qui les
ont remplacés et qu'on a fait venir quelquefois
des extrémités de l'Empire!

On dit encore : Comment distinguer les magistrats *vétérans* des autres magistrats honoraires?

Le moyen n'est pas difficile à trouver, et nous
allons l'indiquer. On lisait, avant 1789, dans les
Almanachs royaux, ce qui suit :

« Magistrats honoraires ayant séance *soit à la
grande chambre, soit aux enquêtes, soit aux requêtes.* »

Il suffirait donc, pour que la confusion fût

impossible, d'ajouter à leur nom, sur les listes distribuées chaque année et dans l'Almanach impérial, la qualité de VÉTÉRAN. On ne pourrait les confondre avec les autres magistrats honoraires.

Oserait-on soutenir que ces magistrats ne viendraient au palais que pour juger les procès de leurs amis, de leurs créatures? Comment supposer que des hommes honorables, ayant donné, pendant plus de trente années, l'exemple de toutes les vertus dont ils ont récemment encore reçu du Souverain la récompense par l'octroi de l'honorariat, se rendraient coupables d'une telle action? Jamais des plaintes de ce genre ne s'élevèrent avant 1789, et certes les législateurs de 1810, parfaitement au courant de ce qui se pratiquait avant la Révolution, n'auraient jamais pensé à rétablir la vétérance si elle eût présenté autrefois un tel danger.

Rejetons loin de nous de pareilles suppositions; elles sont trop odieuses pour que l'on puisse s'y arrêter.

Mais *ils sont vieux*, POUR NE RIEN DIRE DE PLUS.

Dans le cas où leurs infirmités les rendraient incapables de remplir des fonctions fort réduites, on l'a vu, et peu fatigantes, ils seraient soumis aux lois applicables aux magistrats titulaires devenus infirmes. Mais ce n'est pas une raison pour les priver de leurs droits, s'ils ont conservé *mens sana in corpore sano.*

Ici, que de noms respectables se présentent à notre esprit et que nous avons connus! Les présidents Agier, Henrion de Pansey, Portalis, Lasagny, Delahaye; les conseillers Jolly, Jacquinot, et tant d'autres encore, dont le souvenir est gravé dans l'esprit de tous. Et aujourd'hui même, ne voyons-nous pas le procureur général de la Cour de cassation, M. Dupin, exercer ses fonctions avec la plus haute distinction, et nous étonner chaque jour par la profondeur de ses admirables réquisitoires! Combien de magistrats, même titulaires, auraient *peut-être besoin d'être vieux* de cette manière!

Au surplus, la raison politique qui avait eu une si funeste influence pour les juges en 1815, n'a plus de raison d'être maintenant. Tous les magistrats de l'Empire sont dévoués au gouvernement de l'Empereur. Et comment ne le seraient-ils pas? La magistrature lui doit la conservation de son inamovibilité, et la patrie tout entière, son salut!

XI

Nous sommes parvenu à la fin de notre tâche, beaucoup plus longue que nous ne l'avions pensé en commençant, et nous nous résumons.

Nous avons établi qu'en France les magistrats vétérans avaient été, dans tous les temps, environnés de respect et de prévenances; que l'on avait conservé pour eux une véritable reconnaissance; que leur retraite, après de longs services, n'avait jamais entraîné *une cessation absolue des fonctions actives,* position pénible et désolante [1];

Que le législateur de 1810, parfaitement au courant des usages antérieurs à la Révolution de 1789, avait jugé indispensable, pour donner plus d'éclat à la magistrature nouvelle, de rétablir la vétérance avec plusieurs de ses anciens priviléges; réservant au chef de l'État le droit,

---

1. Ce sont les propres paroles du chancelier d'Aguesseau.

après examen, d'accorder ou de refuser l'honorariat à un magistrat ayant plus de trente années de services; qu'il n'avait trouvé que des avantages et nul danger au rétablissement de la vétérance;

Que sa volonté se trouvait, à cet égard, clairement exprimée *dans la première partie* de l'article 77 du décret du 6 juillet 1810;

Qu'il avait voulu évidemment, une fois le titre de magistrat honoraire accordé, que tous les priviléges, énoncés *dans la seconde partie* de cet article, appartinssent, de *plein droit* et par la seule force de la loi, aux magistrats vétérans.

Nous avons exposé le danger véritable qu'il y avait à se croire plus éclairé et mieux instruit de ce qui convient à la considération de la magistrature que Napoléon le Grand avec son coup d'œil d'aigle, que ses conseillers si éclairés et si savants, que l'illustre d'Aguesseau;

Que les magistrats français étaient dignes, sous tous les rapports, des priviléges de la vétérance, institution peut-être plus nécessaire aujourd'hui à leur considération qu'avant 1789;

Que la loi sur la retraite forcée des magistrats *exigeait impérieusement* l'exécution de l'article 77, dont il serait bon et convenable d'adoucir la trop grande rigueur en abrégeant le temps de service exigé;

Que jamais il n'avait pu venir dans la pensée du législateur de 1810 de n'accorder à un magistrat vétéran et digne de récompense qu'un honorariat *décapité* puisé dans l'article 3 du décret de 1807, décret promulgué pour atteindre un tout autre but;

Que plus les anciens magistrats apportaient de résignation dans la nouvelle position que leur fait la retraite forcée, plus aussi il convenait de ne pas leur marchander les avantages que le décret de 1810 leur accorde.

Le moment est arrivé, ce nous semble, sous le règne de Napoléon III, continuateur des actes réparateurs de son oncle, de jeter aussi, comme il l'avait fait en 1810, un regard favorable sur la magistrature de l'Empire, en ne s'opposant pas à l'exécution d'une loi de l'État, si nécessaire à sa considération.

Si Napoléon III a cru devoir, pour procurer un avancement plus rapide, fixer un âge passé lequel les anciens magistrats cesseront une vie trop active et trop fatigante, il est bon et juste de leur conserver encore une position satisfaisante et convenable au milieu de leurs concitoyens.

L'Empereur a déjà prouvé qu'il savait récompenser les grands services rendus à l'État.

Ne voyons-nous pas les chefs de notre armée, les maréchaux, les amiraux, tous ceux qui ont commandé en chef, les sénateurs généraux et amiraux, en si grand nombre dans le premier corps de l'État, conserver, jusqu'à leur mort, les priviléges de l'activité? On vient récemment de rendre aux généraux du cadre de réserve le droit de porter la ceinture du commandement. Pourquoi les magistrats les plus élevés dans l'ordre hiérarchique se verraient-ils exclus des avantages que leur accorde l'article 77 du décret de 1810?

Nous dirons, en terminant, qu'une question de justice et d'équité ressort de la discussion à laquelle nous venons de nous livrer, et qu'elle la domine tout entière.

Peut-on, *sans rétroactivité* (mettant ici de côté la question de légalité), priver d'une récompense, méritée par de longs et pénibles travaux, des magistrats dévoués? Ils *ont dû compter, pendant leur longue carrière*, sur les priviléges de la vétérance et sur les avantages accordés à leurs vieux ans par l'article 77 du décret de 1810. Ils ont dû croire à la promesse de Napoléon le Grand.

Ces avantages, ils les ont eus *en perspective* pendant toute leur vie judiciaire. Cette pensée consolante a soutenu leur dévouement; ne serait-il pas aussi par trop dur, pour ne rien dire de

plus, de les en priver? ce serait un adoucissement à la loi si rigoureuse, sur la retraite forcée,
loi inconnue à l'ancienne magistrature.

Nous abandonnons ces dernières réflexions à
la conscience publique.

IMPERIAL
TIMBRE

APPENDICE A.

COPIE D'ARRÊT POUR MESSIEURS QUI ONT SERVI 20 ANS.

Ce jourd'hui, apres avoir vu par la cour, toutes les chambres assemblées, les lettres patentes du roi le 6 de ce mois signées Henry et plus bas Brulard, par lesquelles icelui seigneur, en consideration des laborieux et notables services que maître Robert Belin, naguerres conseiller en icelle a fait, et ses predecesseurs tant a lui depuis 24 ans, a scavoir quatre années en la cour des aydes et vingt années en icelle cour quen plusieurs charges et commissions ou il a été employé pour leur service et celui du dit seigneur dont il s'est si fidelement acquité quil en est demeuré digne de singulieres recommandations, il lui octroye par ces causes veut et lui plait que nonobstant la resignation quil a depuis naguerres faite de son dit état de conseiller en faveur de maitre Jacques le Coigneux il puisse neanmoins, *toutes et quantefois que bon lui semblera avoir entrée, seance, voix, et opinion deliberative en icelle cour tant et jours de plaidoirie que conseil selon son ordre de reception* et sintituler sa vie durant conseiller en la dite cour, et comme tel jouira des memes honneurs, prerogatives et privileges, tout ainsi quil faisoit durant lexercice de son etat comme plus au long le contiennent les dites lettres. Les conclusions du procureur général du roi, la matiere mise en deliberation et tout consideré, la dite cour en enterinant les dites lettres patentes a ordonné et ordonne que le dit Belin jouira de leffet et contenu es dites lettres. Lors et quand il sera venu en son rang de monter en la grand chambre, *jouissant au demeurant* des privileges, honneurs et prerogatives contenus et declares en icelles lettres *et pourra des a present,* si bon lui semble, entrer et seoir avec voix et opinion deliberative en la troisieme chambre des enquetes dicelle tout ainsi *et comme il faisoit auparavant* la dite resignation.

Et a la dite cour toutes les chambres assemblées, *arreté sous le bon plaisir du roi que ceux des presidens et conseillers qui auront servi vingt ans entiers en icelle cour auront voix, seance et opinion deliberative et jouiront des memes privileges dont ils jouissoient lors de l'exercice apres quils sen seront demis encore quils nayent monté en la grand chambre.*

Fait en parlement le treize avril quinze cent soixante et treize.

Signé, VOYSIN.

Questions notables de Le Prestre, page 915.

— — — — —

APPENDICE A *bis.*

Vu par la cour les lettres patentes du roi signées Henry et plus bas Rusé et scelées du grand scel, par lesquelles inclinant à la supplication de maitre Gabriel Fournier, conseiller en la dite cour, et pour les causes y contenues lui permet l'entrée, rang, séance et voix delibérative en la dite cour en toutes assemblées et actions comme auparavant la résignation quil a faite du dit état et jouisse des autorités, prérogatives, etc.

Requête par lui presentée a la dite cour afin de lenteri-

nement des dites lettres, conclusion du procureur général
du roi, tout considéré la cour en enterinant les dites lettres,
ordonne que le suppliant aura l'entrée séance, et voix délibérative en ladite cour tant es plaidoyers que conseil
au rang et ordre de sa réception, fait en parlement le
6 juin 1603.

Signé, VOYSIN.

Questions notables de Le Prestre, page 916.

APPENDICE B.

**EXTRAIT DU REGISTRE D'ENREGISTRÉMENT DES ÉDITS ET LETTRES
PATENTES PAR LE PARLEMENT DE BOURGOGNE. (Coté 13,
folio 126, v°.)**

Henry, par la grâce de Dieu, roy de France et de Navarre, à tous ceux qui ces présentes verront salut. Sur la
plainte et remonstrance que le procureur sindicq de nostre
ville de Dijon nous a faicte qu'au préjudice des Edicts par
nous naguère faictz sur le règlement de nos tailles, par
lesquels nous avons voulu et ordonné touttes personnes ro-
turières de quelque qualité et condition qu'ils fussent estre
comprins et cottizés en la contribution de touttes levées de
deniers, nonobstant les grâces exemptions et dispenses qu'ils
en pourroient frauduleusement obtenir de nous et d'autres ;
nos lettres de déclaration particulliaires pour ladite ville de-
meurées inexecutées, le désordre esdites levées et contributions se continue encore plus grand en nostre dite ville,
au moïen des abbus qui se commettent en la jouissance

desdites exemptions, soit par les dispenses que la pluspart des officiers de nos parlement, chambre des comptes et trézoriers généraux de nos finances y estants en obtiennent de nous *après les résignations qu'ils font de leurs offices ensuitte de quelque peu d'exercice, auquel la considération seulle de ladicte exemption et privillege les convies,* ou par les moïens extraordinaires quaucuns des plus riches et aisés habitans d'icelle ville recherchent et acquièrent par crédit ou autrement à se faire emploïer tant es estats de nos domestiques, escurie, argenterie, fauconnerie, trésorerie, artillerie, admirauté, etc., que de nostre tres chère et tres amée seur et compaigne la Roine nostre espouse, nostre tres chère seur la Royne, nostre nepveu le prince de Condé, sans faire néanmoins aucun actuel service. *Saugmentans par ces moiens lesdicts prétendus privilleges peu à peu,* en sorte que le nombre est maintenant entre eux le plus grand et encores composé des plus riches et aisés à la foulle et surcharge du reste qui supporte entièrement à ce moyen le faix des levées, subventions, courvées de guet et garde et plusieurs autres charges à quoy la dicte ville est subjecte, *de manière que n'estant riche à l'esgal du rang quelle tient entre les bonnes (villes), le commerce et traficq seul subject de les accroistre, enrichir y estant tout petit pour n'estre construitte sur riviere navigeable,* il seroit à craindre que la continuation de ce désordre engendrast entre eux des jalousies, invention qui les conduisit à division, à leur ruine généralle et au préjudice de nostre service. Nous, pour non-seullement l'éviter et y rémédier en leur en ofrant touts prétextes et subjects, mais pour y apporter par un ordre et règlement tout ce qui se peult pour les faire vivre cy après en union et concorde, après avoir toutteffoys au préalable sur ce murement délliberé en nostre conseil : Avons de l'advis d'icelluy, dict, declaré et ordonné, disons déclarons et ordonnons, voulons et nous plaist par ces présentes, signées de nostre main, *que nos officiers, tant de nostre dict parlement, chambres des comptes et trésoriers generaulx de nosdictes finances* quaultres demeurans en ladicte ville, ne pourront jouir à l'advenir des susdites franchises et exemptions de contributions *aprés avoir résigné les offices qui les leur attribueront sinon qu'ils les aient exercez vingt ans et en ayant obtenu nos lettres nécessaires, ny leurs vefves durant leur viduité* sinon en ce cas ou que leurs maris soient déceddés avecq leurs offices. Comme aussi ceulx d'entre les dicts habitans qui se trouveront emploié, es estats dessus dict, sinon qu'ils aient quartier y aiant servy actuellement et en rapportant certiffication vallable. Mais en déffault qu'ils soient comprins es roolles de toutes levées et impositions ainsy que nos aultres subjects contribuables et à ce contraints par touttes voies deues et accoustumées nonobstant touttes dispenses et retenues que nous en ayons faict expédier à qui et pour quelque occasion que ce soit à ceste fin cassées, révocquées et annullées, cassons, révocquons et annullons par cesdites présentes par lesquelles donnons en mandement à nos améz et féaux conseillers les gens tenans nostre dicte cour de parlement de Bourgongne que ces présentes nos lettres de déclaration, voulloir et intention facent lire, publier et registrer et le contenu garder et observer inviollablement de point en point selon sa forme et teneur : Faisant cesser tous troubles et empeschements contraires. Et oultre aux viconte Majeur et eschevins d'icelle ville pour ce que l'execution déppend d'eux , qu'en proceddant à l'assiette et département de touttes les levées qui se feront à l'advenir, ils ayent à y comprendre generalement tous ceulx qui n'auront quallité et cause vallable pour ladite exemption, ainsy que nous leur enjoignons expressement sur peine d'en respondre en leurs propres et privés noms, les faisant contraindre au paiement de leurs cottes par touttes voies dheues et accoustumées en pareil cas nonobstant toutes leurs prétentions d'exemptions et aucunes oppositions ou appellations pour les quelles ne voullons estre différé. Retenant en ce cas la congnoissance d'icelles à nous et à nostre conseil. Interdisant à tous autres nos juges et officiers quelconques. Car tel est nostre plaisir, en tesmoing de quoy nous avons faict mettre nostre scel ausdictes présentes. Donné à Paris, le cinquiesme jour de juillet, l'an de grâce mil six cens et ung et de nostre règne le douziesme; signé, Henry, et sur le reply. Par le Roy, Potier et scellé du grand scel à double queue de parchemin pendant.

Veu les lettres patentes données à Paris, le cinquiesme de juillet mil six cens et ung, par les quelles le Roy, sur la plainte à luy faite par le procureur sindicq de la ville de Dijon, auroit déclaré que ses officiers du Parlement, Chambre des Comptes et Tresoriers généraux résidants et demeurants en ladite ville ne pourroient, à l'advenir, jouir des privilleges et exemptions de contribution après avoir résigné les offices par vertu des quels les dites exemptions leurs estoient attribuées, *sinon qu'ils les eussent exercé vingt ans* et obtenu de sa majesté lettres nécessaires, ny leurs vefves durant leur viduité fors esdits cas ou que leurs maris fussent deceddés en l'exercice de leurs offices. Comme aussy ceux d'entre les habitans dudict Dijon qui se treuveroient emploiés es estats de domestiques de la maison de sa dicte majesté et de la Royne Margueritte et du Prince de Condé, sinon qu'ils eussent quartier et y eussent servy actuellement et dont ils rapporteront certiffication vallable, et au deffault de ce sadicte majesté, auroit declairé voullu et ordonné qu'ils fussent comprins es roolles de touttes levées et impositions ainsy que les autres habitans contribuables, et contraints au paiement de leurs tailles et cottes par touttes voies, nonobstant touttes dispenses ou retenues que sadicte majesté en auroit faict expédier à qui et pour quelque occasion que ce feust, lesquelles à cest effect elle auroit revocqué, cassé et annullé. Requeste du maire, eschevins et sindiq dudict Dijon, à ce que les dictes lettres fussent enterinées, conclusions du procureur général. La Cour, les chambres consultées a entériné et entérine les dites lettres, ordonne, quelles seront registrées pour jouyr par les dicts maire, eschevins, sindicq et habitans dudit Dijon et entretenir en icelle selon leur forme et teneur. Faict à Dijon en Parlement les dictes chambres consultées le dix huic-

tiesme janvier mil six cent deux; signé, Brulart (1er Président), et Ocquidem (conseiller rapporteur).

L'original de ces lettres patentes, l'arrêt et enregistrement
par le Parlement du 18 janvier 1602, les lettres de jussion
du 3 juin 1604, sont déposés aux archives de la ville de
Dijon, Trésor des Chartes, carton 25, cote 81.

APPENDICE C.

Louis, par la grâce de Dieu, etc., par notre édit du mois
de juillet 1669, nous avons ordonné, entre autres choses,
que les parens au premier, second et troisième degré, etc.,
à ces causes et autres à ce nous mouvant de notre certaine
science, pleine puissance et autorité royale, nous avons, par
ces présentes signées de notre main, dit, déclarez et ordon-
nez que notre édit du mois de janvier 1680 soit executé
suivant sa forme et sa teneur, ce fesant que les avis des
officiers qui se trouvent parens aux degrés suivans, scavoir
de père et fils, de frère, oncle et neveu, pareillement de ceux
qui se trouveront alliés aux degrés suivants: scavoir de beau
père, gendre, beau frère seulement, ne soient comptés que
pour un lorsqu'ils se trouveront conformes, sans que les
suffrages de ceux qui ne sont alliés qu'au degré d'oncle et
neveu puissent être aussi compris dans la même règle, laquelle voulons avoir lieu *tant à l'égard des titulaires* QUE
DES CONSEILLERS HONORAIRES VÉTÉRANS et de tous ceux en
général qui ont séance et voix délibérative, à quelque titre
que ce puisse être, soit dans nos cours, soit dans nos siéges
inférieurs.

Si donnons en mandement, etc., car tel est notre plaisir. Donné à Fontainebleau le 25 d'août 1708, et de notre règne le 66eme, signé Louis, et sur le repli par le roy, Phelippeaux, et scelé du grand sceau de cire jaune.

Registré, ouï et ce requérant le procureur général du Roi pour être exécutées suivanz leur forme et teneur, à Paris en parlement, le 1er 7bre 1708.

APPENDICE D.

ARRÊT DU CONSEIL D'ÉTAT QUI ACCORDE VOIX DÉLIBÉRATIVE A MM. LES OFFICIERS VÉTÉRANS DU PARLEMENT DE DIJON.

Extrait des registres du Conseil d'État.

Le Roy étant informé *qu'anciennement le Parlement de Dijon accordoit* DE SON AUTORITÉ *les honneurs de la vétérance aux officiers qui le composoient;* que pour cet effet il avoit été pris une délibération dans cette compagnie le dernier de féurier 1583, par laquelle il avoit été arresté *qu'après vingt années de service, les officiers auroient séance et voix délibérative en l'audience et chambre du conseil,* sans néantmoins que leur voix put faire ny empescher partage dans les opinions; que la déclaration d'Henry quatre du cinq juillet 1601, concernant les vétérans, n'avoit été enregistrée en ce Parlement le 18e janvier 1602 qu'avec cette clause, sans préjudice de l'arrest de la Cour, par lequel il étoit dit que les officiers du Parlement qui auroient exercé leurs offices vingt ans jouiroient des priviléges de vétérans, sans qu'il fut besoin de lettres du Prince ; que cette clause n'ayant point été alors improvée avoit toujours eu depuis son exécution jusqua la déclaration du feu Roy du mois d'aoust 1669, par laquelle *il fut deffendu aux Cours de donner aucuns honneurs aux officiers vétérans, sans lettres de Sa Majesté*, que le Parlement sestoit conformé à cette loy, mais qu'il n'avoit enregistré les lettres d'honneur accordées depuis par Sa Majesté qu'avec la clause portée par la déliberation de 1583; que dans la suitte il a mesme excédé les termes de cette déliberation et a osté entièrement la voix délibérative aux vétérans à qui elle ne l'avoit interdite que dans les cas ou elle pouvoit faire ou empescher partage, ce qui est égallement contraire a la teneur des lettres de Sa Majesté dont le Parlement n'a pas le pouvoir de limiter l'effet A L'ESPRIT DE LA DÉCLARATION DE 1669, *et a l'usage de toutes les autres Cours supérieures, et prive Sa Majesté et le public de l'utilité qu'ilz peuvent retirer du service des plus anciens officiers de cette compagnie*, a quoy étant nécessaire de pourvoir.

Ouy le rapport, Sa Majesté estant en son Conseil, de lavis de Monsieur le Duc Dorléans Regent, sans sarrester a ladite délibération du Parlement de Dijon du dernier fevrier mil cinq cent quatre vingt trois, ny aux clauses de restrictions par luy ordonnées sur les lettres d'honneur accordées aux officiers de ladite Cour, que Sa Majesté a cassées et annulées, a ordonné et ordonne que les officiers vétérans dudit Parlement, *tant ceux qui ont cy devant obtenu des lettres de Sa Majesté*, QUE CEUX QUI EN OBTIENDRONT A L'AVENIR, *auront entrée, séance et voix délibérative audit Parlement, tant aux audiances que chambre du conseil et autres assemblées publiques et particulières de leur Compagnie* et joüiront de tous les honneurs et privileges portés par les d{ᵗᵉˢ} lettres sans aucune réserve, fait Sa Majesté deffenses audit Parlement d'aporter sur ce aucun trouble aux dits officiers vétérans, enjoint à son Procureur General dy tenir la main, et d'informer Sa Majesté des contraventions sil en arive, et

pour l'exécution du présent arrest seront toutes lettres ne-
cessaires expediées.

Fait au Conseil d'Etat du Roy Sa Majesté, y etant tenu
a Versailles, le quatre jour de juillet mil sept cent vingt
deux. *Signé*, PHELYPEAUX.

Louis, par la grace de Dieu, Roy de France et de Navarre, a nos amés et feaux les gens tenant notre Cour de
Parlement de Dijon, et a tous autres nos officiers et justi-
ciers quil apartiendra, salut. Etant informé qu'anciennement
vous accordiés, *de votre autorité*, les honneurs de la vétérance aux officiers qui composoient votre Compagnie; que
pour cet effet il y auroit été pris une délibération le dernier
fevrier 1583, par laquelle il auroit été arresté qu'après vingt
années de services les officiers auroient séance et voix délibérative en laudience de chambre du conseil, sans néantmoins que leurs voix put faire ny empescher partage dans
les opinions; que la déclaration d'Henry quatre, du cinq
juillet 1601, concernant les vétérans, n'auroit été enregistrée
en votre Compagnie le 18ᵉ janvier 1602 qu'avec cette
clause, sans préjudice de l'arrest de la Cour, par lequel il
estoit dit que les officiers du Parlement qui avoient exercé
leurs offices vingt ans joüiroient des privileges de vétéran
sans qu'il fut besoin de lettres du Prince; que cette clause
n'ayant point été alors improuvée, auroit toujours eu depuis
son exécution, jusqu'a la déclaration du feu Roy notre tres
honoré seigneur et bisayeul du mois d'aoust 1669, par laquelle il auroit été deffendu aux Cours de donner aucuns
honneurs aux officiers vétérans sans ses lettres, ou de ses
successeurs Roys, que vous vous seriés conformés à cette

loy, mais que vous n'auriés enregistré *les lettres d'honneur*[1]
depuis par nous qu'avec la clause portée par la délibération de 1583; que dans la suitte vous auriez même excédé
les termes de la dite délibération, et osté entierrement la
voix délibérative aux vétérans, a qui elle ne l'avoit introduite que dans les cas ou elle pouvoit faire ou empescher
partage, ce qui est égallement contraire a la teneur de nos
lettres, dont vous n'avez pas le pouvoir de limiter l'effet a
L'ESPRIT DE LA DÉCLARATION DE 1669, et à l'usage de toutes
nos Cours supérieures, ET NOUS PRIVE ET LE PUBLIC DE L'UTIL-
LITÉ QUE NOUS ET LUY POUVONS RETIRER DES SERVICES DES
PLUS ANCIENS OFFICIERS DE VOTRE COMPAGNIE, sur quoy nous
aurions fait rendre avant ce jourd'huy en notre conseil
d'Etat, Nous y étant, dont l'extrait est cy attaché sous le
contrescel de notre chan^{rie}, par lequel nous aurions expli-
qué nos intentions, et ordonné que pour l'exécution d'iceluy toutes lettres nécessaires seroient expédiées. A ces causes
de l'avis de notre très cher et très amé oncle le Duc Dorléans, petit filz de France Regent, de notre très cher et très
amé oncle le Duc de Chartres, premier prince de notre
sang, de notre très cher et très amé cousin le Duc de Bour-
bon, de notre très cher et très amé cousin le Comte de
Charollois, de notre très cher et très amé cousin le Prince
de Conti, Princes de notre sang, de notre très cher et très
amé oncle le Comte de Thoulouze, prince légitimé, et autres
grands et notables personnages de notre royaume.

Sans Nous arreter a votre délibération du dernier fevrier 1583, ny aux clauses et restrictions, par vous ordonnées sur les lettres d'honneur accordées aux officiers de
votre Compagnie, que Nous auons *cassées et annullées*. Par
ces présentes signées de Notre main, Nous avons ordonné
et ordonnons que les officiers vétérans de votre Compagnie,
tant ceux qui ont obtenu cy devant Nos lettres, que ceux QUI
EN OBTIENDRONT A L'AVENIR, auront entrée, séance et voix
délibérative en votre dite Compagnie, tant aux audiances,

1. Ou lettres de vétérance, seule et même chose.

que chambre du Conseil, et autres assemblées publiques et particulières d'icelle, et joüiront de tous les honneurs et privileges portés par Nos dites lettres, sans aucune réserve. Vous faisons deffenses d'apporter sur ce aucun trouble ausdits officiers vétérans, Enjoignons a Notre Procureur General d'y tenir la main, et de Nous informer des contravention, sil en arive, SY VOUS MANDONS QUE CES PRÉSENTES VOUS AYÉS A ENREGISTRER, et le contenu en icelles garder et observer selon leur forme et teneur, pleinement et paisiblement, *cessant et faisant cesser tous troubles et empeschemens a ce contraires, Car tel est notre plaisir.* Donné à Versailles le vingtieme jour de juillet lan de Grace mil sept cent vingt deux, et de Notre regne le septieme, signé Louis, Et plus bas Par le Roy, Le Duc Dorleans Regent present, Phelypeaux, et scellées en cire jaune.

Vû par la Cour les Chambres assemblées l'arrest donné au Conseil d'Etat du Roy, Sa Majesté y étant, tenu à Versailles le quatre juillet dernier, signé Phelypeaux, et les lettres patentes du Roy données aud^t Versailles le vingtième du même mois, signées Louis, Par le Roy, le duc Dorléans régent présent, Phelipeaux, et scellées en cire jaune, par les quelles sans sarrester à la délibération de lad^{te} Cour du dernier feurier 1583, ny aux clauses et restrictions par elle ordonnées sur les lettres d'honneur accordées par le Roy aux officiers de la d^{te} Cour, que Sa Majesté a cassées et annullées, il a été ordonné que les officiers vétérans de ladite Cour, tant ceux qui ont cy devant obtenus des lettres de Sa Majesté, QUE CEUX QUI EN OBTIENDRONT A L'AUENIR, *auront entrée, séance et voix délibérative en la d^{te} Cour, tant aux audiances que chambre du conseil, et autres assemblées publiques et particulières de leur Compagnie,* et qu'ilz joüiront de tous les honneurs et privilèges portés par les d^{tes} lettres, sans aucune réserve, avec deffense a la d^{te} Cour *d'aporter sur ce aucun trouble ausd. officiers vétérans,* Et injonction au Procureur Général du Roy dy tenir la main, et d'informer Sa Majesté des contraventions s'il en arive, Veu aussy les Conclusions du Procureur Général du Roy, Et ouy le raport de M. Hector Bernard Pouffier plus ancien Con., La Cour les chambres assemblées a ordonné et ordonne que les dits arests du Conseil et lettres patentes du Roy, des quatre et vingtieme juillet dernier, seront regîtrés, pour être exécutés suivant leur forme et teneur, ce faisant que lesdits officiers vétérans *auront les mêmes honneurs, rangs, prérogatives, entrées, séances, et voix délibérative, qu'ils avoient dans les chambres lors de la résignation de leurs offices,* fait en Parlement a Dijon les chambres assemblées ce huitième jour du mois d'aoust mil sept cent vingt deux,

M. De Berbisey , M. Pouffier.

APPENDICE E.

Paris, le 13 mai 1857.

Monsieur le marquis,

J'ai le regret de vous annoncer que les recherches les plus attentives n'ont pas réussi à faire trouver, dans nos dépôts, la bulle que vous demandez (celle de M. de Belbeuf, évêque d'Avranches).

En ce qui touche les lettres de vétérance, vous verrez, par le tableau détaillé que j'en ai fait dresser à votre intention, que, dans les vingt années sur lesquelles ont porté les recherches, vingt-sept magistrats du Parlement de Paris ont reçu de telles lettres ; que neuf d'entre eux avaient moins de vingt ans de services, et néanmoins la clause dont il s'agit figure sur leurs lettres; que cette clause figure, à plus forte raison, sur les lettres délivrées aux dix-huit autres, sauf un seul, M. Dubois de Courval. — Les lettres de ce conseiller

ne portent pas cette clause exprimée en termes formels ;
mais il avait vingt années et plus de services. Il y a donc tout
lieu de croire que le silence de ses lettres est du fait du greffier, et que la clause *d'entrée, séance et voix délibérative*,
était de droit dans toutes les lettres de survivance, quelle
que fût la durée des services du magistrat admis à l'honorariat.

Recevez, je vous prie, monsieur le marquis, l'hommage
de ma respectueuse considération.

Le directeur général des Archives de l'Empire,
Cte DE LABORDE.

Vu toutes les lettres honoraires en faveur d'officiers du Parlement de Paris de 1769, à l'époque de la cessation des fonctions du
Parlement, savoir :

24 janvier 1770. Conseiller. Celles données en faveur de M. Héron,
après 29 années de service (la clause : entrée, séance et voix délibérative s'y trouve), X 8780, f° 19.

24 janvier 1770. Conseiller. Celles données en faveur de M. de Van-
deuil, après 24 ans de service (la clause s'y trouve), X 8780, f° 37.

8 mars 1775. Conseiller. Celles données en faveur de M. Leboulanger,
après 15 ans de service (quoiqu'il n'ait pas les 20 ans exigés par les
ordonnances, la clause s'y trouve), X 8798, f° 447.

3 mai 1775. Conseiller. Celles données en faveur de M. Trinquant, après
20 ans de service (la clause s'y trouve), X 8800, f° 304.

3 mai 1775. Conseiller. Celles données en faveur de M. de la Malmaison,
après 20 ans de service (la clause s'y trouve), X 8799, f° 194.

31 décembre 1775. Conseiller. Celles données en faveur de M. de la
Tour, après 56 ans de service (la clause s'y trouve), X 8802, f°243.

14 mars 1776. Conseiller. Celles données en faveur de M. d'Abadie,
après 5 années de service (quoiqu'il n'ait pas les 20 ans exigés par
les règlements, la clause s'y trouve), X 8804, f° 3.

15 mai 1776. Conseiller. Celles données en faveur de M. Blondel, après
10 ans de service (quoiqu'il n'ait pas les 20 ans exigés par les règlements, la clause s'y trouve), X 8804, f° 146.

17 septembre 1776. Conseiller. Celles données en faveur de M. Nanteuil,
après 10 ans de service (quoiqu'il n'ait pas atteint les 20 ans exigés
par les règlements, la clause s'y trouve), X 8805, f° 237.

8 avril 1778. Conseiller. Celles données en faveur de M. Robert de Monneville, après 42 ans de service (la clause s'y trouve), X 8811, f° 226.

13 mai 1778. Conseiller. Celles données en faveur de M. Bignon, après 8 ans de service (quoiqu'il n'ait pas atteint les 20 ans exigés par les règlements, la clause s'y trouve), X 8812, f° 36.

14 avril 1779. Conseiller. Celles données en faveur de M. Louvel de Repainville, après 32 ans de service (la clause y est), X 8815, f° 35.

28 avril 1779. Conseiller. Celles données en faveur de M. Roussel de la Tour, après 40 ans de service (la clause y est), X 815, f° 91.

12 mai 1779. Conseiller. Celles données en faveur de M. Oursin, après 15 ans de service (quoiqu'il n'ait pas atteint les 20 ans exigés par les règlements, la clause s'y trouve), X 8816, f° 40.

11 janvier 1781. Conseiller. Celles données en faveur de M. de la Guillaumie, après 20 ans de service (la clause y est), X 2188.

24 janvier 1781. Conseiller. Celles données en faveur de M. Gauthier de Chailly, après 20 ans de service (la clause y est), X 2188.

14 novembre 1781. Conseiller. Celles données en faveur de M. Dupré Saint-Maur, après 20 ans de service (la clause y est), X 8824.

17 mars 1784. Conseiller. Celles données en faveur de M. Thevenin de Tanlay, après 10 ans de service (quoiqu'il n'ait pas atteint les 20 ans exigés par les règlements, la clause s'y trouve), X 1750 *bis*.

7 juillet 1784. Conseiller. Celles données en faveur de M. Radix, après 22 ans de service (la clause y est), X 17541.

18 août 1784. Conseiller. Celles données en faveur de M. Hocquart, après 20 années de service (la clause y est), X 17541.

18 août 1784. Conseiller. Celles données en faveur de M. Ricouart d'Hérouville, après 20 années de service (la clause y est), X 17541.

4 mai 1785. Conseiller. Celles données en faveur de M. Dubois de Courval, après 20 années de service (la clause n'y est pas exprimée formellement), X 17542.

13 juillet 1785. Conseiller. Celles données en faveur de M. Richard de Neuzy, après 20 ans de service (la clause y est), X 17542.

3 août 1785. Conseiller. Celles données en faveur de M. de la Guillaumie, après 25 ans de service (la clause y est), X 17542 *bis*.

24 mai 1786. Conseiller. Celles données en faveur de M. Pérenney de Grobois, après 10 ans de service (quoiqu'il n'ait pas les 20 ans requis par le règlement, la clause y est), X 17543.

24 mai 1786. Conseiller. Celles données en faveur de M. Charpentier de Boisgibaut, après 7 ans de service (quoiqu'il n'ait pas les 20 ans requis par le règlement, la clause y est), X 17543.

10 novembre 1788. Président. Celles données en faveur de M. d'Aligre, après 43 ans de service (la clause y est), X 17545.

APPENDICE F.

LETTRES D'HONNEUR POUR M. BOUHIER, PRÉSIDENT A MORTIER AU PARLEMENT.

Louis, par la grâce de Dieu Roy de France et de Navarre, à Nos amez et féaux Con^{ers} les Gens tenants Nôtre Cour de Parlement et Aydes a Dijon, Salut. Les services que Nôtre amé et féal le sieur Jean Bouhier a rendus au feu Roy Nôtre très honoré Seigneur et Bisayeul a l'Etat et a Nous pendant *plus de trente-quatre années consécutives, tant dans la charge de notre Conseiller en la dite Cour* ou il fut reçu *le sept janvier mil six cent quatre-vingt treize* sur les provisions qu'il en avoit précédemment obtenüs, que successivement en *celle de Président à Mortier en la même Cour, en la quelle* il fut aussy *reçu le douze mars mil sept cent quatre,* en vertu des provisions qu'il en obtint le premier du même mois et en auroit rempli les fonctions avec toute la capacité, le zele et l'intégrité qu'on en pouvoit attendre jusqu'au vingt six juin dernier; que sur sa résignation nous en avons pourveu le sieur Louis Alexandre Catherin Duport de Montplaisant, lequel a été reçu en son lieu et place sur les provisions qui luy ont été expédiées le vingt-sept mars aussy dernier, Et voulant donner au dit sieur Bouhier des marques de la satisfaction que nous en avons, et qui est düe a ses longs services, et de la distinction que sa famille a toujours meritée, soit dans l'exercice des charges qu'elle a remplie, et qu'elle occupe encore actuellement en nôtre dite Cour, soit dans les députations qui luy ont étées confiées, Le Sieur Bénigne Bouhier, père du dit Sieur Jean Bouhier, a pareillement été revestu de pareilles charges de notre Conseiller et Président à Mortier en notre même Cour de Parlement pendant près de trente-cinq années qu'il les a exercées, Nous sommes informés qu'il n'a rien laissé a désirer, non plus que le dit Sieur Jean Bouhier son fils, a son exemple et attachement au bien de nôtre service, et de leur zele pour l'honneur et l'utilité de leur Compagnie, En sorte que nous nous trouvons engagés non seulement par les services du dit Sieur Jean Bouhier, mais encore par ceux de sa famille à luy donner des témoignages de nôtre estime, EN CONSERVANT TOUTE FOIS AU PUBLIC *lavantage quil doit retirer de l'expérience et capacité qu'jl s'est acquise, A ces causes Nous avons au dit Sieur Jean Bouhier permis et accordé, et de nôtre Grace spéciale pleine puissance et auctorité Royalle, Permettons et accordons par ces présentes signées de notre main*, que nonobstant la resignation qu'il a faite de sa dite charge, il puisse se dire et qualifier tant en jugement que dehors notre Conseiller Président en Nôtre dite Cour de Parlement et aydes de Dijon, dy avoir entrée séance et voix délibérative, et joûisse des mesmes honneurs, auctorités prérogative, privileges et exemptions, immunités, rang, séance et toutes assemblées générales et particulières dont il jouissoit avant sa démission, et ainsy QU'EN JOUISSENT OU DOIVENT JOUIR LES PRÉSIDENTS HONORAIRES DE NOTRE DITE COUR de Parlement et Aydes a Dijon, sans toutefois qu'il puisse présider, n'y prétendre aucune distribution d'epices, gages, droits et emoluments, *Sy Vous mandons et enjoignons que ces présentes vous ayez a faire registrer et du contenu en ycelles joûir et user le dit Sieur Bouhier plainement et paisiblement*, cessant ou faisant cesser tous troubles et empeschements contraires, *car tel est nôtre plaisir*, Donné à Versailles le douze jour de Juillet lan de grace, mil sept cent vingt sept et de nôtre regne le douzieme, signé Louis, Et plus bas Par le Roy Phelipeaux, et scellées en cire jaune.

Suit l'enregistrement au parlement de Bourgogne.

APPENDICE G.

ENCYCLOPÉDIE, p. 68. Conseillers honoraires.

« Ce sont ceux qui ont obtenu des lettres d'honoraires au bout de 20 ans de services, on leur en accorde quelquefois plus tot. Ils ont entrée, séance et voix délibérative aux audiences et conseils tant civils que criminels, mais ils ne peuvent instruire ni rapporter aucune affaire et ne prennent aucune part aux épices ni autres droits.

« Suivant l'usage du Châtelet, les conseillers honoraires marchent suivant l'ordre de leur réception dans les rencontres particulières de procession, offrandes et enterrements, où les conseillers au Châtelet ne se trouvent point en corps.

« Lorsque la compagnie se trouve en corps, le doyen des conseillers honoraires doit céder le pas au plus ancien des conseillers titulaires qui sont présents; quoique le doyen des honoraires soit plus ancien en réception que le plus ancien des conseillers titulaires, il faut même observer qu'aux audiences les honoraires ne peuvent se trouver qu'au nombre de deux, au lieu qu'ils peuvent tous assister à la chambre du conseil et aux assemblées de la compagnie et y prendre séance suivant l'ordre de leur réception, sous la condition que le doyen des honoraires ne pourra avoir le pas sur le doyen plus ancien des conseillers présents. »

APPENDICE H.

Louis, par la grace de Dieu roi de France et de Navarre, à nos amés et féaux les conseillers, les gens tenant notre cour de parlement à Rouen salut, nous avons toujours dé-siré, à l'exemple des rois nos prédécesseurs, donner des preuves de notre bienveillance à ceux de nos sujets qui, par leur application à l'étude des lois, par leur lumière et leur probité se sont distingués dans les fonctions importantes de la magistrature. C'est dans cette noble vue que nous étant fait rendre compte des services que notre amé et féal con-seiller en nos conseils, le sieur Le Sens de *Folleville* a ren-dus à Nous et au public, successivement dans la charge de procureur général en la cour des Aides, des comptes et finances de Normandie et dans celle de notre procureur général en notre cour de Parlement de Rouen, dans les-quelles il a fait voir, pendant *trente trois ans*, un zèle in-fatigable pour notre service et son attention persévérante du maintien des lois et du bon ordre Nous avons cru devoir, en lui accordant la permission de quitter les fonctions de procureur général en notre cour de Parlement de Rouen, dont sa santé ne lui permet plus le pénible service, lui don-ner des marques honorables de la satisfaction que Nous avons de sa conduite et lui procurer en même temps les moyens d'employer *encore ses talens à notre service et à l'avantage du public*. A ces causes nous avons donné et oc-troyé par ces présentes signées de notre main, donnons et octroyons audit sieur le Sens de Folleville une place de con-seiller d'honneur en notre cour de parlement de Rouen, pour en cette qualité avoir pouvoir et droit d'y servir, assis-ter, avoir rang, séance, voix et opinion délibérative tant aux audiences qu'aux conseils, assemblées de chambres et toutes autres assemblées publiques et particulières, voulons qu'il puisse en prendre la qualité en tous actes et jouir des honneurs, prérogatives, prééminences, franchises, libertés, exemptions et priviléges dont jouissent nos conseillers d'honneur en notre dite cour et en toutes nos autres cours. *Si vous mandons et ordonnons* que ces présentes vous ayez à faire registrer, recevoir et admettre le dit sieur de Folleville, et du contenu ci-dessus, le faire jouir et user pleinement et paisiblement, cessant et faisant cesser tous troubles et empêchemens *nonobstant clameur de haro, charte normande et lettres à ce contraires, car tel est notre plaisir.*

A Fontainebleau, le 15 novembre, l'an de grace 1765 et de notre règne le 51me. *Signé,* Louis, et au dessus est écrit Par le Roi.

Signé, Bertin, avec paraphe scellé du grand sceau de cire jaune.

Vu par la cour toutes les chambres assemblées les lettres de conseillers d'honneur.

Ouï le rapport du sieur de Martimbos, conseiller rapporteur, tout considéré. La cour, toutes les chambres assemblées a ordonné et ordonne que les dites lettres de conseiller d'honneur seront registrés es registres dissel pour être exécutées suivant leur forme et teneur et jouir par l'impétrant de l'effet et contenu en issel.

A Rouen en parlement, le 27 novembre 1765.

Signé, Hue de Miromesnil et de Martimbos.

Louis, par la grace de Dieu roi de France et de Navarre, a nos amés et féaux les gens tenant notre cour de parlement à Paris, salut.

Ayant éprouvé les talents et le zèle de notre amé et féal le sieur Michel Jacques Turgot dans la place d'avocat pour Nous au Chatelet de Paris qu'il a occupé pendant près de quatre années, nous lui accordâmes notre agrément pour un office de conseiller lay en notre cour de Parlement de Paris dans lequel il fut reçu le 7 août 1742 ; l'année suivante nous l'appelâmes en nos conseils et nous le pourvûmes d'un office de maître ordinaire des requêtes de notre hôtel.

Ayant remarqué en lui ce désintéressement, cette droiture, cette probité inflexible qui ne connaît et n'est attaché qu'aux vraies vertus essentielles qui distinguent le magistrat, nous l'élevâmes à une des plus éminentes charges de la magistrature, nous lui donnâmes notre agrément de l'état et office de notre conseiller en nos conseils d'État et privé, président de notre cour de Parlement de Paris dans lequel il fut reçu le 9 mai 1747.

Dans cette carrière glorieuse qu'il eut poussé plus loin si ses infirmités ne l'avaient pas obligé de quitter ses fonctions, il n'a jamais eu en vue que concilier nos intérêts avec l'utilité publique, ce double objet l'a encore déterminé dans le choix du successeur en faveur duquel il nous a donné sa démission.

Le sieur Turgot, en conservant les anciennes mœurs, a su faire respecter les exemples de ses pères, dont les services nous sont présens, et déterminent les motifs de reconnaissance des habitants de notre bonne ville de Paris.

Magistrat dans son intérieur et dans son extérieur, il a tracé la route qui attire à la magistrature les respects sincères. Cet accord de vertu et de dignité a donné de l'éclat à la place et rendu cher celui qui en est revêtu, pour conserver des exemples si précieux et lui donner des marques particulières de notre considération et de notre satisfaction des services qu'il nous a rendus *pendant plus de 25 ans dans les différentes places qu'il a remplies*, nous avons résolu de le décorer du titre de président honoraire de notre cour.

A ces causes, et pour autres considérations Nous avons, au dit sieur Turgot, permis et accordé, permettons et accordons, par ces présentes signées de notre main, voulons et Nous plaît que nonobstant la démission qu'il a faite en nos mains du dit office de président de notre cour, il puisse continuer de se dire et qualifier du titre de notre conseiller en nos conseils et président, de notre cour de Parlément, et, en cette qualité, conserver son rang et séance de président en issel *et y avoir voix délibérative* tant à la grande chambre, à l'audience, chambre du conseil qu'autres délibérations, assemblées en notre dite cour publiques ou particulières et jouir des mêmes honneurs, prééminences, franchises, priviléges, exemptions, immunités dont a joui ou dû jouir jusqu'au jour de sa démission, sans néanmoins pouvoir prétendre aucun gages et émolumens appartenant au dit office.

Si vous mandons que ces présentes vous ayez à faire registrer et de leur contenu faire jouir et user le dit sieur Turgot, pleinement et paisiblement, cessant et faisant cesser tous troubles et empêchements contraires.

Car tel est notre plaisir. Donné à Versailles le 26me juin d'août, l'an de grâce 1764 et de notre règne le 49me, *signé*, Louis; et plus bas par le Roi, Phelippeaux, et scellé du grand seau de sire jaune.

Registrées oui le procureur général du Roi pour jouir par l'impétrant de l'effet et contenu en icelles et être exécutées selon leur forme et teneur suivant l'arrêt de ce jour; à Paris en parlement, ce 29 août 1764, *signé*, Dufranc; collation faite, *signé*, Dufranc.

Louis, par la grâce de Dieu.

Nous avons déjà donné à notre amé et féal le sieur Guillaume de Lamoignon de Montrevaux *des marques de notre satisfaction des services qu'il nous a rendus, tant en qualité de notre conseiller en notre cour de parlement à Paris, et commissaire des requêtes de notre palais pendant six années, qu'en nos conseils pendant 23 années en celle de maitre des requêtes* ordinaires de notre hotel de l'agrement de l'Etat et charge de président de notre cour de parlement à Paris, dont il aurait été pourvu par nos lettres du 21 avril 1747 au lieu de notre amé et féal le sieur Chrétien Guillaume de Lamoignon de Basville, *ayant également en considération les services qu'il a continué de nous rendre dans le dit état et charge de président* de notre cour de parlement depuis le 25 avril 1747, qu'il y a été reçu jusqu'au 12 août 1763. Que notre amé et féal le sieur de Gourgues, auquel nous aurions accordé la survivance du dit état et charge de président de notre dite cour par nos lettres du 9 février 1763, a pris séance en qualité de président de notre dite cour au lieu du dit sieur de Lamoignon de Montrevaux, nous avons résolu de lui donner une nouvelle marque de notre satisfaction et lui accorder des lettres de président honoraire, que *méritent 46 années de services dans la magistrature et qui lui conserveront les avantages et les prérogatives attachés a la dite charge et perpétueront en même temps dans notre cour le souvenir des grands services qu'il a toujours rendus à notre état.* Sa famille, qui remplit depuis longtemps et avec tant d'éclat les premières places de la magistrature, a donné les plus rares exemples des vertus qui la distinguent.

A ces causes de notre grace spéciale, pleine puissance et autorité royale, nous avons permis et accordé par les présentes signées de notre main, permettons et accordons que, nonobstant la démission qu'il a faite en nos mains du dit office de président de notre cour, il puisse continuer de se dire et qualifier du titre de notre conseiller en nos conseils et président en icelle avec son rang et séance en notre dite cour et avoir voix délibérative, tant à la grande chambre, à l'audience, chambre du conseil, car tel est notre plaisir. Donné à Versailles le 31 août 1764 et de notre règne le 50me.

Signé, LOUIS.

Et plus bas : PHELIPPEAUX.

Enregistré au parlement le 30 7bre 1764.

Henry, par la grace de Dieu Roi de France et de Navarre a tous ceux qui ces présentes lettres verront, salut.

Scavoir faisons que pour le bon et louable rapport que fait nous été de la personne de notre cher et bien amé maitre Arthus Godart, de ses sens, suffisance, loyauté, expérience, et bonne diligence diceluy : pour ces causes et autres a ce nous mouvans avons donné et octroyé, donnons et octroyons par ces présentes lestat et office de notre conseiller en notre cour de parlement de Rouen et commissaire aux requêtes du palais diceluy que naguerres tenoit et exercoit maitre Jehan Bunache, dernier paisible possesseur diceluy, vacant a présent par la présente et simple résignation qu'il en a faite en nos mains par son procureur suffisamment fondé de lettres de procuration expresse quant a ce cy attachées sous le contre scel de notre chancellerie, pour le dit estat et office avoir, tenir et dorennavant exercer par le dit sieur Godart en jouir, et user aux honneurs, autorités, prérogatives, prééminences, franchises, libertés, *gages de trois cent livres*[1], et droits d'épices, et autres droits, profits, revenus, et émoluments au dit office appartenant tel et semblable que les avoit et pouvoit avoir le dit Bunache, *tant qu'il Nous plaira*[2], encore que le résignant ne vive les quarante jours portés par nos ordonnances de la rigueur desquelles nous l'avons relevé, et dispense, relevons et dispensons attendu que le dit Bunache *a financé*[3].

1. Les gages de trois cents livres étaient encore payés en 1789, sans augmentation; une charge de conseiller au parlement de Rouen coûtait alors de trente à quarante mille francs; les épices à Rouen rapportaient à peine aux magistrats les plus occupés comme rapporteurs une somme de six cents francs; on voit que l'ancienne magistrature servait la patrie à ses dépens.

2. On avait conservé cette formule *tant qu'il nous plaira*, même depuis que la magistrature était *devenue inamovible*; cette clause n'était plus que de forme en 1607.

3. On se rachetait moyennant finance du droit que s'était réservé le roi en *cas de résignation* si le résignant venait à mourir dans les quarante jours qui suivaient sa résignation.

Sᴛ ᴅᴏɴɴᴏɴs ᴇɴ ᴍᴀɴᴅᴇᴍᴇɴᴛ a nos amés et féaux conseillers les gens tenant nostre susdite cour de parlement de Rouen, qu'après qu'il leur sera apparu des bonne vie, meurs, *conversation*, et religion du dit Godart et de luy pris et reçu le serment en tel cas requis et accoutumé, ils le mettent et instituent ou fassent mettre et instituer de par nous en possetion et saisine du dit office, et diceluy ensemble des honneurs, autorités, prérogatives, prééminences, franchises, libertés, gages et droits susdits, le facent, souffrent et laissent jouir et user, pleinement, paisiblement et a luy obéir et entendre de tous eux et ainsi qu'il appartiendra es choses touchant et concernaut le dit estat et office. Mandons outre a nos amés et féaux conseillers les présidens, tresoriers, généraux de France et de nos finances au dit Rouen, que par le receveur et payeur des gages et droits de présidens et conseillers de la dite cour ou autre, ils fassent payer, bayer, et délivrer au dit Godart doresnavant par chacun an aux termes et en la maniere accoutumée les gages et droits au dit office appartenant à commencer du jour et datte de ces presentes, rapportant lesquelles ou vidimus dicelles duement collationnées pour une fois seulement, et quitance du dit Godart sur ce suffisant. Nous voulons les dits gages et droits, et tout ce qui payé et baillé aura ete a loccasion susdit. etre passé et alloué en la despence des comptes, et iceluy qui payé les aura rabattus de la recette par nos amés et féaux conseillers les gens de nos comptes au dit Rouen auxquels nous mandons et ordonnons ainsi le faire sans difficulté.

Car tel est notre plaisir, en témoin de quoi nous avons fait mettre notre scel a ces presentes. Donné a Paris le quatrième jour de juin mil six cent huit et de notre reigne le dixneuvieme, par le Roi : Mᴀʏᴇɴɴᴇ.

Le dit maitre Arthus Godart a este recu au dit estat et office de conseiller en la cour et commissaire aux requetes du palais dicelle suivant ces presentes, et a fait et preté le serment en tel cas requis et accoutume a Rouen en parlement les chambres assemblées le 18me jour de juillet 1608.

De Boislevèques.

A tous ceux qui ces presentes lettres verront ou orront Arthus Ygou, sieur de Beaumont, conseiller secretaire du Roi, maitre ordinaire de ses comptes en Normandie *et garde heredital du scel* des obligations de la vicomté de Rouen, salut. Scavoir faisons que par devant Abraham Theroulde et Jacques Crespin, tabellions royaux a Rouen, fut present noble homme maitre Jehan Bunache, conseiller du Roy en sa cour de parlement a Rouen et commissaire es requetes du palais au dit lieu, demeurant en la paroisse de Sainte Marie la Petite a Rouen, lequel a fait et constitué pour son procureur general cest a savoir. . . . . auquel il donne pouvoir et puissance pour lui et en son nom et sous le bon plaisir et voulloir du Roy, notre souverain seigneur, a remettre es mains de sa majesté a monseigneur le chancelier ou autres avec pouvoir, quand au susdit estat et office de conseiller du Roy en la dite cour de parlement de Rouen et commissaire es requetes du palais au dit lieu pour et au nom proffit et valeur de noble homme maitre Arthus Godart sieur du Becquet[1], avocat en parlement et non dautres en requerir et demander, obtenir les lettres et don, provision, octroy, telles que au cas appartiendra, et generalement de faire et dire pour le dit sieur, constituant comme si en personne y etoit, promettant sur lobligation de tous ses biens et heritages fournir, et avoir agreable et en temoing de ce nom a la relation des susdits tabellions, avons

---

1. La seigneurie du Becquet, près de Belbeuf, dépendait de la paroisse de ce nom. Ce très-petit village, situé près du hameau de Saint-Adrien, a été réuni à la commune de Belbeuf au commencement du siècle. La seigneurie de Belbeuf appartenait en 1608 à Jean-Baptiste Godart, conseiller en la Cour des comptes de Rouen, frère du sieur du Becquet.

mis aux lettres le scel. Ce fut fait et passé en la maison du dit sieur constituant l'an de grace 1608, le lundi apres midi 19me jour de mars, presens noble homme Jean Baillard, sieur Dorival, conseiller du Roy et auditeur en la chambre des comptes en Normandie, et Nicolas Fermont, conseiller secretaire du Roi a Rouen, lesquels ont avec le sieur constituant signé en la minute des présentes suivant l'ordonnance.

Signé, THEROULDE CRESPIN.

FIN.

PARIS. — IMPRIMERIE DE CH. LAHURE ET Cⁱᵉ
Rues de Fleurus, 9, et de l'Ouest, 21